1. Auflage 2012
Copyright © 2012 by Kehrwasser Verlag, Linz
Herstellung und grafische Gestaltung: _free)agents
Fotos Ortwin Maritsch
Druck: Point Brno

ISBN 978-3-902786-11-1

Silvia Maritsch-Rager

Silvias Gemüseküche

Traditionelle Rezepte – vegetarisch neu!

Inhaltsverzeichnis

Inhaltsverzeichnis ------------------------------ 4-5

Vorwort -- 6-7

Salz --- 8-9

Vorspeisen | Aufstriche | Pesto

Würzpofesen mit Powidl-Gorgonzolafülle ------------- 15

Kräuterpofesen mit Mozzarella und Kümmel ----------- 16

Rosentaschen --------------------------------------- 19

Bärlauchpralinen ----------------------------------- 20

Bärlauch-Parmesan-Palatschinken ------------------- 23

Rhabarber sauer ------------------------------------ 23

Gefüllter Laib ------------------------------------- 24

Gebratener Kürbis mit dunklem Teereis -------------- 27

Schwarzteereis ------------------------------------- 27

Krenaufstrich mit Räuchertofu und Kaffee ----------- 30

Avocadoaufstrich ----------------------------------- 30

Tomatenaufstrich ----------------------------------- 30

Olivenaufstrich ------------------------------------ 31

Kräuteraufstrich ----------------------------------- 31

Quargelaufstrich mit Bärlauch --------------------- 33

Bärlauchaufstrich mit Crème Fraîche & Kren --------- 34

Kräuterweckerl ------------------------------------- 36

Heringkäse ohne Fisch ------------------------------ 39

Erdäpfelkas mit Brunnenkresse ---------------------- 40

Kochkäse --- 43

Kochkäse mit Bier ---------------------------------- 43

Rucolapesto mit Haselnüssen ------------------------ 44

Steirisches Pesto mit Bärlauch --------------------- 47

Knabberkürbiskerne --------------------------------- 47

Bärlauchpesto mit Steirerkas ----------------------- 48

Salbeipesto -- 51

Walnusspesto mit Parmesan -------------------------- 52

Suppen

Wirsingsuppe --------------------------------------- 57

Schwammerlsuppe mit Rauchsalz ---------------------- 58

Warme Gurkensuppe ---------------------------------- 61

Radieschensuppe mit Rosensalz ---------------------- 62

Zwiebelsuppe mit Melanzani
und Lakritzsalz ------------------------------------ 65

Salbeibohnensuppe ---------------------------------- 66

Steirische Bärlauchsuppe
mit schwarzem Gold --------------------------------- 69

Steirische Brotsuppe ------------------------------- 70

Erdäpfelsuppe Mama --------------------------------- 73

Paprika-Kürbissuppe
mit Zitronengras und Ölperlen ---------------------- 74

Kochkäsesuppe -------------------------------------- 77

Selleriesuppe mit Kren und Parmesankipferl --------- 78

Parmesankipferl ------------------------------------ 78

Hauptspeisen

Hexenknödel -- 83

Krenrahmsoße --------------------------------------- 83

Faschierte Laibchen fleischlos --------------------- 84

Bratensoße vegan ----------------------------------- 84

Faschierter Braten ohne Fleisch -------------------- 87

Pflanzliche Bratknödel ----------------------------- 88

Bier-Gulasch --------------------------------------- 91

Gefüllte Paprika ----------------------------------- 92

Rote Rüben Laibchen -------------------------------- 95

Gorgonzolasoße ------------------------------------- 95

Rote Rüben Gulasch mit Rauchsalz
und Gorgonzola ------------------------------------- 96

Pikante Herrenpilze mit Zwiebeln ------------------- 99

Inhaltsverzeichnis

Lasagne mit Bierkäse--100

Pilzspieße mit Kapern in Weißweinteig --------------103

Grüner Spargel mit steirischem Reis----------------------104

Steirischer Reis mit Rosinen--------------------------------104

Quargel-Bärlauchknödel mit Bröselbutter -----------107

Bärlauchquiche mit Parmesan --------------------------108

Zucchini-Minz-Röllchen -------------------------------111

Seitanschnitzel --------------------------------------112

Cordon bleu ---115

Kürbis mit Ingwer auf genudeltem Bett ------------116

Kürbislaibchen mit Polenta & Paprika----------------119

„Falsches Beuschl"------------------------------------120

Spitzkohl gefüllt --------------------------------------123

Kräutergröstel--124

Pilzlasagne mit Kapern--------------------------------127

Holzknechtnocken mit Walnüssen-------------------128

Knödel mit Köpfchen----------------------------------131

Mangold Liebeslasagne --------------------------------132

Beilagen | Extras

Rotweinerdäpfel ------------------------------------ 137

Semmelknödel--------------------------------------- 138

Sauerkraut mit Apfel-------------------------------- 140

Gurkensalat mit schwarzem Salz
und Bärlauchblütenöl-------------------------------- 140

Warmer Krautsalat ---------------------------------- 141

Erdäpfelsalat mit Essiggurkerln ------------------- 141

Zwiebelmarmelade--------------------------------- 142

Zwetschkenmarmelade
mit Langem Pfeffer--------------------------------- 145

Pflanzen-Cola (Melissensaft)----------------------- 146

Mispel-Karamelcreme------------------------------- 149

Almkaffee --- 150

Süßspeisen

Mamas Maitaschen (falscher Blätterteig)------------ 156

Kastanienmehlkuchen mit Kürbis &
Kardamom & Haselnusskrokant--------------------- 157

Haselnusskrokant------------------------------------ 157

Apfelmillistrudel------------------------------------- 161

Äpfel im Puddingbett-------------------------------- 162

Mamas Germteig für Weinberlkuchen &
Gebackene Mäuse ----------------------------------- 165

Dunkler Kirschenkuchen mit
Crème Fraîche & Amaretto ------------------------- 166

Linzer Gewürzschnitten mit Gin -------------------- 169

Apfel-Hollerstrudel mit Mandeln ------------------- 170

Mandelkirschkuchen--------------------------------- 173

Grießkuchen mit Orangeat und Rosmarin ----------- 174

Fruchtige Mozartknödel----------------------------- 177

Nougatkuchen mit Cranberrys ---------------------- 178

Oblatentorte---181

Verlagsgugelhupf mit kandierten Früchten---------- 182

Rhabarber-Käsekuchen mit Schwips----------------- 185

Marillenhonigkuchen mit Kürbiskernöl------------- 186

Zucchinigrießkuchen mit Aranzini
und Haselnüssen------------------------------------- 189

Marmelade-Mürbteigkuchen ----------------------- 190

Pistazien-Kirschkuchen------------------------------ 193

Kokosbusserl mit Ribisel – eine fruchtige
Variation im Sommer-------------------------------- 194

Alphabetisches Register----------------------------- 196-197

Glosar -- 198-199

Bärlauchsuppe steirisch

1 TL Salz
Bärlauch

1 l Wasser
Muskat, Pfeffer

50 g Polenta

Steirisches Pesto m. Bärlauch

50 g Bärlauch
30 g Kürbiskern
1/16 l Kürbiskernöl
1/2 TL Salz

Keine Liebe ist aufrichtiger als die Liebe zum Essen.

George Bernard Shaw

Unser Geschmack wird durch bestimmte Lebensmittel, Gewürze, Kochmethoden und Aromen aus der Region geprägt. Meine Wurzeln liegen im oberösterreichischen Hausruckviertel, im Land der Knödelvielfalt und des Mostes. Bei uns gab es Knödel (speziell Frankenburger Knödel auf Seite ..., bei denen unbedingt ein roter Saft herausrinnen muss), Braten, Krautsalat mit Speck, gebackene Mauserl oder frische Bauernkrapfen auf sommerlichen Dorffesten.

Meine Eltern gehörten der Kriegsgeneration an. Mein Vater wollte jeden Tag Fleisch essen. An Freitagen gab es entweder Fisch oder Mehlspeise. Einmal streute meine Mutter Schnittlauch über ein Gericht, und mein Vater empörte sich über das „Grünzeug" mit der Androhung: „Jetzt bringt ihr es da auch schon hinein, ich reisse euch das Zeug aus, wenn ich es nocheinmal in einem Gericht vorfinde!" Diese Ansage war der Grundstein für mein kulinarisches Aufbegehren. Zu Hause aß ich gerne nur die Braterdäpfel an der Seite des Schweinebratens und konnte mich für das damals neue „Körndlbrot" begeistern. Käse und Aufstriche wurden von mir schon als kleines Mädchen sorgfältig auf das Jausenbrot aufgestrichen. Alles musste schön dekoriert sein, was bei meinen Eltern Schmunzeln hervorrief. Ich freute mich schon auf die Zeit, in der ich selbst für mein leibliches Wohl sorgen konnte.

Fleisch war seit jeher männlich. Unbewusst verbinden Menschen das Essen von Fleisch mit Reichtum, Macht, Sex und Dominanz. In unserer westlichen Gesellschaft ist ein echter Mann ein Fleischtiger. Frauen wird das alltägliche Kochen von Gemüse und Getreide zugeordnet. Wer sich als Vegetarier zu outen wagte, musste mit Spott, Hohn und verächtlichen Blicken rechnen. Auch heute heisst es fallweise noch pikiert „Ach, Sie sind Vegetarier", wenn man weder den Braten noch die Nudeln mit dessen Saft essen will. Als würden Vegetarier regelrechte „Spielverderber" sein und sich bei Tisch nicht „normal" verhalten.

meine Mamma in jungen Jahren

meine Großeltern

Vorwort

Die Zeiten haben sich geändert. Ein Mann ist heute trotzdem ein Mann, auch wenn er lieber Gemüseauflauf isst. Es liegt an uns Köchinnen und Köchen, den Fleischtigern ihre gewohnten Gerichte schmackhaft zu machen. Mit dieser Idee machte ich mich ans Werk. Es war mir ein Anliegen ein Buch meiner Heimat, die meinen kulinarischen Geschmack geprägt hat, zu widmen. Traditionelle Rezepte werden von mir mit Gemüse und Gewürzen neu interpretiert und den Originalen nachempfunden. Sie werden feststellen, dass der Unterschied in der Zubereitung sich von klassischen Gerichten wenig unterscheidet. In meinen Rezepten gebe ich mein Wissen und meine Erfahrungen weiter.
Die Kreationen wenden sind nicht ausschließlich an Vegetarier, sondern an alle, die weniger Fleisch essen möchten und auf der Suche nach neuen Ideen für Herd und Backrohr sind. Stimmungsvolle Speisebilder aus unserem Foto-studio unterstreichen den speziellen Charakter meines vegetarischen Küchen-schatzes.

Jede Jahreszeit hat ihr Gemüse. Am besten schmeckt Gemüse frisch aus dem Garten oder vom Markt. Wir dürfen uns glücklich schätzen in einer Welt zu leben, die ein solches Spektrum an Zutaten und kulinarischer Tradition für uns bereithält.
Die meisten Zutaten auch Tofu, natur und geräuchert bekommen Sie bereits überall in jedem Kaufgeschäft. Ebenso Sojagranulat und Sojastücke. Hefepaste und Sojamehl erhalten Sie im Reformhaus.

Für mich bedeutet Kochen Entspannung, mit Neugier würzen und mit Freude und Liebe abschmecken.
In diesem Sinne soll Sie das Buch zum Genießen animieren, es ist mit Liebe geschrieben.

Silvia Maritsch-Rager

7

Rosensalz

Salz - das weiße Gold aus den Bergen

Bad Aussee, meine Heimat und die Heimat des Bergkernsalzes hat meine Liebe zum Salz entfacht. Daraus ist meine sich stetig erweiternde Salzkollektion SALZREICH entstanden. Im Herzen Österreichs, auf einem Almgebiet im steirischen Salzkammergut, erzeugen mein Mann Ortwin und ich in unserer Kräutermanufaktur eine exklusive Salzkollektion. Die darin verwendeten Kräuter und Gemüse stammen vorwiegend aus unserem Garten oder aus Wildpflückung in naher Umgebung.

Unser Stoffwechsel funktioniert nur mit Salz. Nicht nur unsere Tränen oder unser Schweiß ist salzig – selbst unser Blut besteht zu knapp einem Prozent aus diesem Stoff.

Auch weil vieles besser schmeckt, salzen wir unser Essen, beseitigen Flecken oder bringen Eis zum Gefrieren. Doch die Gewinnung der weißen Krümel war lange Zeit sehr mühsam und hatte einen hohen Preis. Das weiße Mineral war früher so kostbar wie Gold. Wer Salz besaß, war reich und mächtig. Die Chinesen bauten mit dem Geld aus ihrer Salzsteuer sogar die große Mauer!
Salz ist eines der ältesten Handelsgüter der Menschheit. Die Gewinnung des Minerals, der Handel und der Transport des Salzes wurden im Altertum und Mittelalter besteuert und überwacht. Fast überall auf der Welt sicherten sich die Herrschenden Salzmonopole und erhoben Salzsteuern. Mit dem Entstehen der Territorialstaaten in Europa wurde die Salzsteuer als eine Art Verbrauchssteuer zum Monopol der Staaten und wesentlicher Pfeiler der staatlichen Finanzsysteme.

Für die Christen symbolisiert Salz nicht nur Langlebigkeit, sondern auch Wahrheit und Weisheit. In der katholischen Kirche wird „Sal Sapientia", das Salz der Weisheit, neben geweihtem Wasser verwendet.

Salz ist nicht gleich Salz

Natürliche Salzvorkommen gibt es in den Meeren und auch in speziellen Gebieten im Inneren von Bergen. Das Salz aus dem Berg ist im Gegensatz zum Meersalz weitgehend vor Umwelteinflüssen geschützt.

Steinsalz ist die vor Millionen von Jahren übrig gebliebene Ablagerung einstiger Salzmeere. In Altaussee wird durch Bohrung das heute in fester Form vorliegende Salz unter Tage aus besten Natursalzlagerstätten abgebaut. Daher der Name Bergkernsalz, weil es aus der Tiefe des Berges (Steinsalz) gefördert wird. Bergkernsalz besteht fast ausschließlich aus Natriumchlorid. Die leicht rötliche Farbe des Ausseer Natursalzes kommt von seinem Eisengehalt. Die farblich variierenden Lehmeinschlüsse dieses Natursalzes machen es zu dem, was es ist, zu etwas Besonderem aus der Region Salzkammergut.

Das Bergkernsalz aus dem Ausseerland bringt den Bergkern in die Speisen!

Dieses Mineral-Salz ist im eigentlichen Sinne kein Gewürz, da es sich um einen anorganischen Stoff handelt und nicht um den Teil einer Pflanze. Dennoch würzen wir mit Salz, um den Geschmack von Speisen zu heben, Lebensmittel haltbar zu machen und noch wichtiger, weil unser Körper es benötigt. Ohne Salz könnte der Mensch nicht überleben, es steuert den Wasserhaushalt und ermöglicht die Funktionen von Nerven, Muskeln sowie anderer wichtiger Prozesse in unseren Zellen.

Unsere SALZREICH Salzkollektion

Die Rezepte in diesem Buch habe ich mit den Salzen aus unserer Salzreichkollektion abgestimmt. Natürlich steht es jeder Köchin und jedem Koch frei, auch andere Salze zu verwenden, und ich bin mir auch sicher, dass die Gerichte trotzdem gelingen werden. Die SALZREICH *Salzkollektion erhalten Sie im ausgewählten Fachhandel sowie über www.salzreich.at*

Bärlauchsalz von SALZREICH
Passt wunderbar zu Erdäpfelgerichten, Karotten, Aufstrichen und Gemüsegerichte oder zum Würzen von Füllungen.

Brunnenkressesalz von SALZREICH
Brunnenkressesalz, aus natürlichen heimischen Gewässern schmeckt zu Erdäpfelgerichten. Es ist ein Universalsalz, das zu Sommer- sowie zu Winterspeisen passt.
Es verleiht allen Speisen die Frische und Reinheit klaren Wassers!

Chilisalz von SALZREICH
Österreichische Chilis schärfen das Bergkernsalz und geben ihren Speisen je nach Dosierung den gewünschten Schärfegrad. Besonders gut an Grillgerichten, Gulasch, Hülsenfrüchten, Schmorgerichten.

Dillsalz von SALZREICH
Frisches Dillkraut-Natursalz gibt ein herbes frisches Dillaroma für Gurken, helle Soßen, Frischkäse, Beizen, Mayonaisen und Dips.

Dittandersalz von SALZREICH
Der frische krenartige, wasabiähnliche Geschmack passt herrlich zu Erdäpfelgerichten, Salaten, Soßen, Topfenaufstrich und Jausen.

Lakritzsalz von SALZREICH
Aus dem Saft der Süßholzwurzel wird Lakritz hergestellt, die mit ihrer besonderen Süße Tomatensoßen und Sugos eine besondere Note gibt.

Krensalz von SALZREICH

Für erdige deftige Gerichte betont Kren den Geschmack der Speisen. Besonders gut zu Erdäpfelgerichten, Hausmannskost, Wirsing, Krautwickel, Eintöpfen, Roten Rüben, deftigen Speisen und vielem mehr.

Pfeffersalz von SALZREICH

Pfeffersalz mit Lampong Pfeffer ist ideal für Gerichte, die etwas mehr Schärfe vertragen können.

Rauchsalz von SALZREICH

Bergkernsalz über Buchenholz kalt geräuchert passt zu vielen Gerichten, denen es an Erdigkeit fehlt, wie Pilzen, rustikalen Aufstrichen, Füllungen in Gemüse. Besonders Vegetarier und Veganer lieben den rauchigen Geschmack, um ihren Speisen einen besonderen Charakter zu geben.

Rote Rübensalz von SALZREICH

Feines österreichisches Natursalz verbunden mit frischen roten Rüben geben den Gerichten eine liebliche Note. Gut zu Räuchertofu, Pilzen, kräftigen Gemüse und Salaten wie Radicchio oderChicorée.
Das Salz leuchtet wie kleine rote Sterne, speziell bei weißem Reis!

Rosensalz von SALZREICH

Das Salz der Liebe! Rosen bereichern alle leichten Gerichte und Speisen aus Sommergemüse, wie weißer Spargel, ebenso Joghurt, Topfen, Tofu, Salate und orientalische Gerichte.

Vanillesalz von SALZREICH

Zum Verfeinern von Gemüse wie Karotten, Spinat oder als Salatdressing, zum raffinierten Abschmecken von Eierschwammerln, asiatischen Gerichten, zum Aromatisieren gemeinsam mit Knoblauch.

Zitronensalz von SALZREICH

Bergkernsalz mit Zitronensaft durchtränkt gibt allen Sommergerichten aus Gemüse oder Fisch eine frische Zitronennote. Für orientalische Gerichte, Topfen, Dips, leichte feine Salate und Spargel.

Vorspeisen

Aufstriche

Pesto

Eine Zwischenmahlzeit ist bei Städtern und Bürgern ein Gabelfrühstück zwischen zehn und elf Uhr am Vormittag und die Kaffee-jause um etwa fünf Uhr am Nachmittag. Bauer und Arbeiter haben die Jause oder auch Brotzeit, in Tirol „Marenda" zwischen neunuhr Jause und dreiuhr Jause.

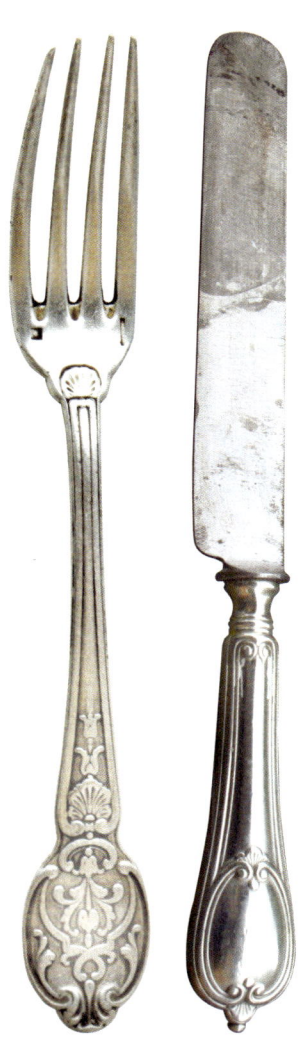

Meine Oma hat Pofesen aus Weißbrotwecken auf ihrem alten Holzofen gemacht, selbstverständlich mit selbstgemachter Zwetschkenmarmelade.

Würzpofesen mit Powidl-Gorgonzolafülle

8 Scheiben von einem Weißbrot-wecken

3 EL Powidlmarmelade

60 g Gorgonzola

1 Ei

1/8 l Milch

70 g Mehl

Bergkernsalz

Pfeffer

Rapsöl

 4 Personen

Ei mit Milch, Mehl, Salz und Pfeffer verquirlen. Käse mit einer Gabel zerdrücken und mit Powidl mischen. Auf eine Scheibe Brot streichen, die zweite Brotscheibe auflegen und andrücken.
Die Pofese auf beiden Seiten in die Milchmasse tunken und etwas anziehen lassen.
Rapsöl erhitzen und die Brotscheiben darin auf beiden Sei-ten bräunen, herausnehmen und auf ein Küchenkrepp le-gen.

Tipp:

Zwetschken enthalten wertvolle Fruchtsäuren, Pektine und Rohfasern, die die Verdauung fördern.

Wissenswertes:

Powidl wird etwa drei Stunden unter ständigem Rühren eingekocht, bis die nötige Konsistenz und Süße erreicht wird. Die Zwetschken für Powidl und für Zwetschkenmarmelade sollten, so spät wie möglich ge-erntet werden und wenn möglich auch schon Nachtfrost überstanden haben, da sie dann genügend Zucker bilden konnten. Powidlmarmelade besteht ausschließlich aus vollreifen Zwetschken und kommt ganz ohne Zucker aus..

Kräuterpofese mit Mozzarella und Kümmel

8 Scheiben Weißbrotwecken
1 Ei
70 g Mehl
1/8 l Milch
2 EL Obers
1/2 TL Kümmel
1/2 Mozzarellalaibchen
etwas Pfeffersalz
Kräuter der Saison wie Petersilie,
Selleriekraut, Oregano, Salbei,
Schnittlauch,
1 Knoblauchzehe
Butterschmalz

Ei mit Milch, Obers, Mehl, Salz und Pfeffer verquirlen. Kräuter mit Knoblauch, Mozzarella und Kümmel im Mixer mixen, auf eine Scheibe Brot aufstreichen und mit der Hand etwas aufdrücken. Die zweite Brotscheibe auflegen und andrücken.
Die Pofese auf beiden Seiten in die Milchmasse eintunken und etwas anziehen lassen.
Rapsöl erhitzen und die Brotscheiben darin auf beiden Seiten bräunen, herausnehmen und auf ein Küchenkrepp legen.

Eventuell mit Zitronenscheiben servieren zum Neutralisieren des Fettes.

 4 Personen

Tipp:

Wichtig: kein Toastbrot oder ähnliches nehmen, schmeckt nicht so gut und wird zu weich!

Wissenswertes:

Pofesen oder auch arme Ritter (mundartlich auch Rostige Ritter, Fotzelschnitten, Semmelschnitten, Kartäuserklöße, Weckschnitten, Gebackener Weck, Bavesen, Blinder Fisch) sind eine einfache Speise aus altbackenen Brötchen oder Weißbrotscheiben.

Rosentaschen

Teig:

125 g Topfen

250 g Mehl

5 EL Weißwein

3 EL Sesamöl

1 TL Backpulver

1 TL Rosensalz

Fülle:

1 Lauchstange

1 EL Mandelsplitter

1 EL Rosenblätter

1 EL Sesam

1 EL Sesamöl

1/4 Stück Briekäse

1 Prise geriebene Muskatblüte

Rosensalz

weißer Pfeffer

 4 Personen

Mehl mit Backpulver sieben und mit Topfen, Salz, Sesamöl und Weißwein zu einem glatten Teig kneten. Mit etwas Mehl bestäuben und ruhen lassen.

Den Lauch einmal der Länge nach durchschneiden, waschen und in feine Ringe schneiden. Öl in der Pfanne erhitzen, Mandelsplitter leicht bräunen, Lauch zugeben und kurz anschwitzen. Etwas Muskatblüte reiben und den Lauch mit Rosensalz sowie weißem Pfeffer würzen.

Den Teig auf einer bemehlten Unterlage ca. 2 mm dick auswellen. Entweder eine Teigtaschenform verwenden, was natürlich am besten funktioniert, oder mittels einer Tasse Formen aus den ausgewellten Teig ausstechen und mit einem Teelöffel die Fülle auf die Teigblätter aufteilen. Jeweils einen kleinen Würfel Briekäse auf den Lauch setzen und mit einem Rosenblatt belegen. Nun die Teigränder rundherum mit Wasser einstreichen und zusammenklappen, fest andrücken und auf ein Backpapier auflegen. Die Taschen mit Öl bestreichen, etwas Sesam darauf streuen und bei 200 °C im vorgeheizten Backrohr 15 Minuten goldbraun backen. Die Zutaten reichen etwa für 14 Taschen.

Ein frischer grüner Blattsalat mit einer leichten Vinaigrette passt hervorragend zum Rosenaroma.

Tipp:

Muskatblüte schmeckt feiner als Muskatnuß.

Bärlauchpralinen

Zutaten für ca. 17 Stück:
1 EL Crème Fraîche
30 g Bärlauch
100 g Räuchertofu
1 TL Salz od. Bergkernsalz
50 g Walnüsse
30 g Semmelbrösel
50 g Mozzarella
Muskatnuss
Pfeffer
Semmelbrösel zum Wälzen
Rapsöl
Schnittlauch und Bärlauchblätter

Bärlauch grob schneiden und mit Räuchertofu und Crème Fraîche im Mixer pürieren. Mozzarella, Muskatnuss, Pfeffer, Walnüsse und Salz zugeben und nochmals pürieren. Semmelbrösel untermischen, die Masse zu pralinengroßen Kugeln formen und in Semmelbrösel wälzen. In heißem Rapsöl goldbraun anbraten.
Je eine Kugel auf ein Bärlauchblatt legen, zusammenfalten und mit einem Schnittlauchstengel verknoten.

Die Pralinen schmecken heiß wie kalt. Ein dekoratives Frühlings-Finger-Food!

 4 Personen

Bärlauch-Parmesan-Palatschinken

Bärlauchblätter
2 Eier
150 g Mehl
250 ml Milch
schwarzer Pfeffer
1 Stück Parmesan
1-2 EL Butterschmalz
1 Prise Salz od. Bärlauchsalz

Einen Palatschinkenteig machen, dazu Eier mit Milch und Mehl zu einem glatten Teig verquirlen und mit Salz und Pfeffer würzen.

In einer Pfanne Butterschmalz erhitzen und einen Schöpflöffel Teig eingießen. Auf den noch flüssigen Teig Bärlauchblätter auflegen. Die Palatschinke auf beiden Seiten anbraten. Die fertige Palatschinke etwas pfeffern und mit frisch geriebenem Parmesan bestreuen. Ein schneller Frühlingsgruß mit Käse.

Dazu eventuell Rhabarber sauer zubereitet als Gemüse.

 4 Personen

Wissenswertes:

Parmesan erst unmittelbar vor der Verwendung reiben, da er sonst viel von seinem Aroma verliert.
Um Parmesan aufzubewahren, wickeln ihn die Italiener in ein Küchentuch aus Baumwolle.

Rhabarber sauer

2 Rhabarberstangen
etw. Butter
Prise Salz

Die Rhabarberstangen schälen, in Stücke schneiden und in der Butter anschwitzen bis sie weich sind. Mit Salz würzen.

Gefüllter Laib

Germteig (Hefeteig):
220 g Mehl
1/2 TL Germ (Hefe)
1 EL Zucker (20 g)
1/8 l warmes Wasser
Salz

Fülle:
200 g Zwiebeln
80 g Sojagranulat fein
2 Essiggurkerl
1/8 l Rotwein
2 EL Balsamicoessig
1 EL Hefepaste
1 EL vegetarisches Schmalz
2 TL Lakritzsalz
je 1 TL Majoran, Thymian, Paprika
schwarzer Pfeffer
1 TL Butterschmalz oder pflanzliches Schmalz zum Anbraten

4 Personen

Für den Vorteig frischen Germ (oder Trockenhefe) in eine Schüssel bröseln und mit Zucker, 3 EL Mehl und etwas warmem Wasser zu einem dickflüssigen Teig verrühren. Mit einem Geschirrtuch zugedeckt an einem warmen Ort ca. 30 Minuten aufgehen lassen. Das restliche Mehl mit warmem Wasser und dem Vorteig mit den Knethaken der Küchenmaschine zu einem glatten Teig abarbeiten. Den Teig wieder mit dem Geschirrtuch abdecken und nochmals an einem warmen Ort aufgehen lassen.

Für die Fülle die Zwiebeln schälen und fein würfelig schneiden. In einer Pfanne Butterschmalz erhitzen und die Zwiebeln darin goldbraun anrösten. Sojagranulat zugeben und mit den Zwiebeln kurz durchrösten. Majoran, Thymian, Paprika und Hefepaste zugeben und mit Rotwein aufgießen. Essiggurkerl klein schneiden und zu der Fülle geben. Mit Pfeffer und Lakritzsalz würzen. Vegetarisches Schmalz untermengen und die Fülle abschmecken.

Den Teig auf ein bemehltes Brett rund auswellen. Von außen nach innen ca. 8 cm einschneiden, sodaß der Teig die Form eine Blüte mit fünf Blütenblättern hat. Ein Viertel der Fülle in die Mitte aufstreichen und einen Teiglappen über die Fülle überziehen und andrücken. So mit jedem Teigblatt und einem Teil der Fülle fortfahren, bis der letzte Teiglappen auf der Fülle liegt. Gut andrücken. Mit einer Gabel mehrmals einstechen und im vorgeheizten Backrohr bei 160 °C ca. 40 Minuten backen.

Tipp:

Dieser gefüllte Laib eignet sich auch hervorragend als Jause bzw. zum kalten Verzehr als pikante Torte mit Erdäpfelsalat (Seite 141) oder warmem Krautsalat (Seite 141) serviert!

Gebratener Kürbis mit dunklem Teereis

1 kg Kürbis
1 EL Fenchelsamen
2 TL Kümmel
1-2 TL Salz od. Chilisalz
4 Knoblauchzehen

Kürbis schälen, die Kerne entfernen und in grobe Stücke teilen. Den Kürbis auf eine Alufolie legen und mit Fenchelsamen, Kümmel und Salz würzen. Knochlauchzehen in der Schale zwischen die Kürbisstücke stecken. Mit Alufolie bedecken und schließen.
Im vorgeheizten Backrohr ca. 40 Minuten backen.

Herrlich dazu passt Steirischer Reis (siehe Seite 104) oder Schwarzteereis.

VEGAN

4 Personen

Schwarzteereis

250 g Vollkornreis
3/4 l Wasser
1 Schwarzteebeutel
1 TL Bergkernsalz

In einem Topf Wasser mit Salz erhitzen. Reis und den Teebeutel zugeben. Den Reis bei geringer Hitze dämpfen.

Aufstrichperlen

Krenaufstrich mit Räuchertofu und Kaffee

100 g Räuchertofu
1 EL geriebener Kren
1 gehäuften EL Crème Fraîche
oder Sauerrahm
1/4 TL Kümmel gerieben
1/2 TL Räuchersalz
zum Wälzen: schwarzer Pfeffer und
1 EL Kaffee gerieben

Räuchertofu mit Kren, Crème Fraîche oder Sauerrahm, Kümmel und Salz im Mixer fein pürieren. Schwarzen Pfeffer im Mörser anstoßen und mit Kaffeepulver vermischen. Aufstrich zu Kugeln formen und in der Kaffee-Pfeffermischung wälzen.

Passt zu jedem Brot!

Avocado-Aufstrich

100 g Frischkäse (Philadelphiakäse)
1 reife Avocado
1/2 TL Salz od. Zitronensalz
weißer Pfeffer
1 Spritzer Zitronensaft
Sesam zum Wälzen

Avocado aufschneiden, Kern entfernen und schälen. Frischkäse mit Avocado, Pfeffer, Salz und Zitronensaft mixen. Kugeln formen und in Sesam wälzen.

Als Brotaufstrich auf knusprige Baguettes ein Gedicht!

Wissenswertes zum Avocado-Aufstrich:

Avocados werden wegen der Konsistenz ihres Fruchtfleisches auch Butterfrucht, Butterbirne oder aufgrund ihrer Form und ihrer Schale Alligatorbirne genannt. Avocados wachsen auf Bäumen und fallen ohne Pflücken zu Boden, wo sie rasch reifen. Übrigens beträgt ihr Fettgehalt 25 Prozent!

Tomatenaufstrich

2 getrocknete Tomaten
200 g Tofu natur
30 g Schafskäse
Oregano
50 g Mandeln gerieben
1 Prise Zucker
1 Knoblauchzehe
Mandelstückchen zum Wälzen

Tomaten mit Schafskäse, Knoblauchzehe, Oregano und Mandeln fein reiben. Tofu zugeben und alles zu einer glatten Paste rühren. Mit Zucker abschmecken und Kugeln formen. In Mandelstückchen rollen.

Olivenaufstrich

100 g Tofu natur
2 EL Olivenpaste
2 Knoblauchzehen
1 Zweig Thymian
2 Zweige Rosmarin
Oregano
1 Prise Fenchelsamen
Bockshornkleesamen zum Wälzen

Rosmarin, Thymian, Fenchelsamen, Oregano und Knoblauchzehen fein reiben oder im Mörser anstoßen. Tofu im Mixer mit Olivenpaste mixen und die geriebenen Gewürze zugeben. Eventuell etwas salzen. Kugeln formen und in den Bockshornkleesamen wälzen.

Passt herrlich zu Weißbrot wie Baguette. Auf den Aufstrich noch eine Scheibe Tomate aufgelegt macht das Brötchen perfekt!

Kräuteraufstrich

125 g Topfen
100 g Frischkäse (Philadelphiakäse)
Petersilie, Schnittlauch, Pimpinelle,
Kerbel,
1/2 TL Salz od. Kressesalz
weißer Pfeffer
1 Spritzer Zitronensaft
Schnittlauchröllchen zum Wälzen

Kräuter fein wiegen und mit Topfen und Frischkäse glatt rühren. Mit Zitronensaft, Salz und Pfeffer würzen. Den Aufstrich zu Kugeln formen und in Schnittlauch wälzen.

Tipp:
Frischkäse muss einen Wassergehalt von über 73 Prozent in der fettfreien Käsemasse aufweisen und ist deswegen nur kurz haltbar. Er muss gekühlt gelagert werden.

Wissenswertes zum Kräuteraufstrich:

1880 kreierte in New York ein pfiffiger Ladenbesitzer namens Reynolds einen Frischkäse, den er nach der amerikanischen Stadt Philadelphia benannte. Die Stadt galt zur damaligen Zeit als Inbegriff von Sauberkeit und Natürlichkeit. Im Jahr 1928 übernahm die Firma Kraft die Firma Phenix Cheese Corp. und damit auch die Produktionsstätte von Philadelphia.

Die Zutaten für die angeführten Aufstriche reichen für ca. 4 Personen.
 Zubereitungszeit ca. 45 Minuten pro Aufstrich.

Quargelaufstrich mit Bärlauch

35 g Quargel
50 g Bärlauch
1 EL Weißweinessig
Salz und Pfeffer
Muskatnuss

Bärlauch grob schneiden und gemeinsam mit Quargel, Weißweinessig, Pfeffer, Muskat und Salz im Mixer pürieren.

Dazu passt sowohl kräftiges Bauernbrot als auch Laugengebäck und ein frisches Weizenbier.

 4 Personen

Kren ist wegen seines hohen Vitamin C-Gehaltes sehr gesund.
Seine Senföle helfen der Verdauung bei schweren Speisen und seine antibakterielle
Wirkung schützt vor Erkältungskrankheiten.

Bärlauchaufstrich
mit Crème Fraîche & Kren

50 g Bärlauch
125 g Crème Fraîche
100 g Ziegentopfen
1 EL Kren
Muskatnuss
Salz

Bärlauch grob schneiden und im Mixer mit Crème Fraîche, Topfen, Kren, Muskatnuss und Salz fein pürieren.

Dazu passt jedes Brot.

 4 Personen

Wissenswertes:

Neben Paprika und Pfeffer gehört Kren zu den schärfsten Gewürzen. Er stammt ursprünglich aus Ost- und Südeuropa. Frischer Kren bringt jeden zum Weinen, denn seine Senföle lassen kein Auge trocken.

Kräuterweckerl  VEGAN

4 würzige Weckerl
Frühlingskräuter wie Bärlauch, Brunnenkresse,
Schlüsselblumenblätter, Giersch, Wegerich, ...
was die Natur gerade anbietet.
Butter od. Margarine
Brunnenkressesalz

Weckerl auseinanderschneiden und eine Seite
mit Almbutter bestreichen. Kräuter je nach Geschmack fein oder grob schneiden und dicht
auf dem Brot verteilen.
Mit etwas Brunnenkressesalz würzen und We-
ckerlhälfte auflegen.

Heringkäse ohne Fisch

200 g Erdäpfel mehlig

250 g Melanzani

120 g Äpfel

100 g Butter

100 g Sellerieknolle

3 mittelgroße Essiggurkerl

80 g Zwiebel

1 EL Zitronensaft

1 Knoblauchzehe

2 TL Pfeffersalz

1 TL Butterschmalz

Paprikapulver

Erdäpfel in Salzwasser weichkochen. Anschließend schälen und mit einer Gabel zerdrücken. Die Erdäpfel abkühlen lassen. Inzwischen die Melanzani in kleine Stücke schneiden und in Butterschmalz anbraten.

Sellerie in Stückchen schneiden und in etwas Salzwasser weichkochen. Gemeinsam mit Melanzani, geschälter Knoblauchzehe, Essiggurkerl und Sellerie in einer Küchenmaschine zerkleinern. Die Masse abkühlen lassen. Zwiebel schälen und fein würfelig schneiden.

Äpfel schälen, das Kerngehäuse herausschneiden und mit einer Reibe fein reiben. Zitronensaft zugeben und mit Pfeffersalz würzen. Alle Zutaten vermischen und zuletzt zimmerwarme Butter zugeben und abschmecken. Vor dem Servieren den Aufstrich im Kühlschrank ca. 20 Minuten kühlen.

Mit etwas Paprikapulver od. Chilifäden bestreuen.

Zu diesem Heringskäse passt jedes Brot.

 4 Personen

Erdäpfelkas ist ein beliebter oberösterreichischer Brotaufstrich für herzhafte Jausen und große Partys.

Erdäpfelkas mit Brunnenkresse

1/2 kg mehlige Erdäpfel
1/8 l Sauerrahm
100 g Butter, zimmerwarm
1 Zwiebel
Muskatnuss
Pfeffer
Salz od. Bergkernsalz
Brunnenkresse

Geschälte Erdäpfel in Salzwasser weichkochen, abseihen und passieren. Man kann sie auch mit einer Gabel zerdrücken. Zwiebel und Brunnenkresse fein hacken.
Butter cremig rühren und mit Zwiebel und Brunnenkresse unter die Erdäpfel mengen. Sauerrahm unterrühren und mit Muskatnuss, Pfeffer und Bergkernsalz würzen.

 4 Personen

Tipp:

Brunnenkresse schmeckt am besten im Frühjahr.

Kochkäse

250 g grober Bauerntopfen
Salz
Kümmel

Groben Bauerntopfen in eine kleine Schüssel füllen und zugedeckt ein paar Tage im Raum stehen lassen, bis er glasig geworden ist.

Nach der Ruhezeit den Käse in einen kleinen Topf geben und unter Rühren erwärmen (nicht über 42 °C), bis er sich verflüssigt. Die Masse kann mit Butter, eventuell auch Obers und Eigelb vermischt werden. Mit Salz und Kümmel würzen.

Kochkäse mit Bier

1 TL Kümmel
2-3 EL Bier
Essig
Salz
Pfeffer

Den Kochkäse in einem Topf erwärmen, bis er zergeht, und mit etwas Bier glattrühren.
Mit Kümmel, Essig, Salz und Pfeffer würzen.

 4 Personen

Wissenswertes:

In der industriellen Produktion werden häufig Schmelzsalze verwendet, die eine dauerhafte Streichfähigkeit des Käses gewährleisten.

Für besonders aromatischen Kochkäse kann anstelle von mehrtägig gereiftem Quark Handkäse, Harzer Käse oder ähnliches verwendet werden. Hierzu wird der reife Harzer zusammen mit Butter im Wasserbad geschmolzen und anschließend mit Obers und Topfen verrührt. Meist wird der abgekühlte Kochkäse dann mit oder ohne „Musik" (in Essig und Öl eingelegte Zwiebeln, „Handkäs mit Musik" genannt) auf oder zu einer Scheibe Brot gegessen.

Mein Mann Ortwin liebt Rucola und holt sich jeden Tag etwas davon aus dem Gemüsebeet. Ich mag ihn zwar auch, aber Rucola muss im Gemüsebeet Einhalt geboten werden, weil er sich ansonsten rasant vermehrt.

Rucolapesto mit Haselnüssen

350 g Rucola
1/2 l Sonnenblumenöl
100 g Haselnüsse
14 g Salz od. Bergkernsalz

Rucolablätter mit Haselnüssen, Salz und 3/4 des Sonnenblumenöls im Mixer zu einer Paste zerkleinern. Das Pesto in Gläser füllen und mit Öl auffüllen, bis das Pesto mit Öl bedeckt ist.

Rucolapesto passt gut zu Nudeln, auf die Pizza, eignet sich als Brotaufstrich und vieles mehr ...

VEGAN

4 Personen

Tipp:
Immer vor der Blüte ernten, weil die Blätter danach noch bitterer schmecken.

Wissenswertes:

Rucola, auch Roquette oder Salatrauke, ist seit dem Altertum als Nutzpflanze bekannt. Sie wurde schon von den Germanen gegessen und galt sogar als Potenzmittel. Rucola hat einen hohen Gehalt an Senfölen, die den scharfen, aromatischen und leicht bitteren Geschmack, der dem von Rettich und Gartenkresse ähnelt, ausmachen. Mit seinem nussigen Geschmack eignet sich Rucola hervorragend für aromatische Salate und ist ein tolles Würzkraut.

Steirisches Pesto mit Bärlauch

50 g Bärlauch
30 g Kürbiskerne
1/16 l Kürbiskernöl
1/2 TL Bergkernsalz

Kürbiskerne in einer trockenen Pfanne rösten, bis sie springen. Bärlauch grob schneiden und zusammen mit Kürbiskernen, Bergkernsalz und Kürbiskernöl in einem Mixer fein pürieren.

Ein frisches würziges Bauernbrot mit einer knusprigen Rinde passt hervorragend zu diesem Pesto.

Knabberkürbiskerne

80 g Kürbiskerne
Salz od. Bergkernsalz

In einer trockenen Pfanne die Kürbiskerne anrösten, bis sie zu springen beginnen. Leicht salzen, schütteln und als sehr bekömmlichen Snack zu Bier & Co reichen.

Die Männer werden es danken, denn Kürbiskerne stärken die Prostata!

VEGAN

4 Personen

Steirerkas ist ein kräftig würziger, magerer Sauermilchkäse
mit 0,5 Prozent Fettanteil.

Bärlauchpesto mit Steirerkas

Zutaten für 3 kleine Gläser:

150 g Bärlauch

80 g Steirerkas

200 ml Rapsöl

ca. 1/4 TL Bergkernsalz (je nach Salz-
gehalt des Käses)

Bärlauch mit Rapsöl im Mixer fein pürieren. Steirerkas und
Salz untermischen und in kleine Gläser abfüllen.

 4 Personen

Tipp:

Wichtig ist, dass das Pesto immer mit Öl bedeckt
verschlossen wird. Lagerfähigkeit ca. 2-3 Monate.

Wissenswertes:

*Der Ursprung des Steirerkas liegt auf den Almen des steirischen Ennstals. Saure Magermilch wird in großen
Kupferkesseln aufgekocht. Der entstandene Käsebruch wird in ein Leinentuch geschöpft und die Molke
herausgepresst. Der bröselige Käse wird gesalzen und gepfeffert und nach vier Wochen und mehrmaligem
Wenden ist er genügend gereift.*

Salbei wirkt schweißregulierend, hat einen pikanten Geschmack und ist reich am ätherischen Öl Thujon. Im Alpenraum wurde Salbei wegen seiner Inhaltsstoffe bei Zahnfleischentzündungen verwendet.

Salbeipesto

25 g frische Salbeiblätter

25 g Reismehl

25 g Mandeln

2 EL Milchpulver

1/8 l Olivenöl

10 EL Kokosmilch (besser Kokos-milchpulver)

4 Knoblauchzehen

1 TL weißer Balsamicoessig

etwas Salz

Salbeiblätter, geschälte Knoblauchzehen und Mandeln fein mixen.

Die Masse mit Olivenöl, Milchpulver, Balsamicoessig, Reismehl und Kokosmilch glatt rühren und nach Geschmack salzen.

4 Personen

Tipp:

Reismehl kann man ganz leicht selber herstellen, man braucht den Reis nur in einer Getreidemühle oder Kaffeemühle reiben.

Wissenswertes:

Mandeln haben eine beruhigende Wirkung auf den Magen und helfen bei Sodbrennen.

Ein Genussklecks auf gekochten Vollkornnudeln mit grünem Salat zum Süchtigwerden.

Walnusspesto mit Parmesan

200 g Walnüsse
250 ml Sonnenblumenöl
80 g frischer Parmesan oder auch
Emmentaler, Gruyere etc.
1 gestrichener TL Bergkernsalz

Walnüsse mit Käse in der Küchenmaschine fein reiben. Sonnenblumenöl untermischen, abschmecken und in Gläser füllen.

 4 Personen

Suppen

Die Suppe ist *Grundnahrung von fast allen Völkern dieser Erde. Doch so manches Volk löffelt seine Suppe auf besondere Weise.*
Festlandeuropäer führen den Löffel mit der Spitze zum Mund, Engländer mit der Breitseite. Asiatische Löffel haben einen kurzen Stiel und sind sehr breit. Ebenso schlürfen Asiaten ihre Suppe, was im westlichen Kulturkreis gegen die Tischsitten verstößt.

Zur Weihnachstzeit kam ich am Wochenmarkt in Bad Ischl am Olivenstand eines spanischen Deutschprofessors mit einem Herrn aus Syrien ins Gespräch, der mir von Bockshornklee in Gemüsesuppen erzählte. Nach dem herzlichen Austausch von Weihnachtswünschen zu Hause angekommen wurde die Empfehlung des Syrers sofort in die Tat umgesetzt.

Wirsingsuppe

1/2 Wirsing

2 Erdäpfel

100 ml Kokosmilch

1 TL Bockshornkleesamen

1 TL Kümmel

1 TL Bergkernsalz oder Salz

1 l Wasser

Erdäpfel schälen und in Stücke schneiden. Wirsingblätter vom Kopf abtrennen, waschen und grob teilen. Die Wirsingstücke mit den Erdäpfelstücken in Salzwasser weich kochen.

Bockshornkleesamen in einer trockenen Pfanne kurz anrösten. Kokosmilch unterrühren und mit angerösteten Bockshornkleesamen, Kümmel und Salz würzen.

VEGAN

4 Personen

Tipp:
Um das Aroma von Gewürzen zu verstärken, kann man sie kurz anrösten!

Wissenswertes:

Bockshornklee, auch griechisches Heu genannt, war den Ägyptern schon 3 000 Jahre vor Christi Geburt als Kulturpflanze bekannt. Reste der Pflanze wurden im Grab von Tutenchamun gefunden.
Weil der Nährwert der Samen sehr hoch ist, war der Bochshornklee früher eine beliebte Kost der Haremsdamen, um zuzunehmen.

Achtung! Fliegenpilze sind giftig!

Schwammerlsuppe mit Rauchsalz

1/4 kg Pilze, auch Champignons
1 Zwiebel
1 TL Butter
1 l Wasser
1 EL Mehl
2 EL Crème Fraîche
Muskatblüte
1 TL Rauchsalz
Pfeffer

Zwiebel fein schneiden und in einem Topf in Butter anrösten. Pilze putzen, wenn nötig waschen, grob schneiden und mit der Zwiebel anrösten. Einige Pilze zur Seite geben, die später als Einlage dienen. Mit etwas Wasser aufgießen. Muskatblüte zugeben und mitköcheln lassen, aber vor dem Passieren herausnehmen. Mehl mit etwas Wasser und Crème Fraîche glattrühren und in die Suppe einrühren. Rauchsalz zugeben und mit etwas Pfeffer abschmecken. Mit einem Pürierstab fein pürieren und die zur Seite gelegten Pilzstücke in die Suppe geben.

 4 Personen

Wissenswertes:

Narrische Schwammerl gibt es wirklich, und zwar auf der ganzen Welt. Dabei handelt es sich um Zauberpilze oder Magic Mushrooms – sogenannte psychoaktive Pilze. Kahlköpfe, Risspilze und Düngerlinge gehören in diese spezielle Gattung. Die halluzinogene Wirkung ähnelt jener von LSD, ist aber von kürzerer Dauer. Je nach Pilzart und Menge tritt sie ca. 45 Minuten nach der Einnahme auf und hält etwa drei bis fünf Stunden an. In einer guten Pilzsaison kann man vermehrt Pilzsucher antreffen, die sich nicht auf Eierschwammerl spezialisiert haben, sondern eifrig „andere Pilze" suchen!

Warme Gurkensuppe

3/4 l Wasser

1/2 Kefir oder Buttermilch

1 Gurke (ungeschält bei
Bio-Qualität)

1 TL Garam Masala

2 1/2 TL Salz oder Bergkernsalz

1/2 TL Dillsalz

1 Muskatblüte

1-2 EL Mehl zum Binden

1 EL Rapsöl (außer Olivenöl eignet
sich jedes Pflanzenöl)

In einem Topf Rapsöl erhitzen und Mehl darin anschwitzen. Mit etwas Wasser aufgießen, glatt rühren und mit dem Rest des Wassers aufgießen.

Gurke eventuell schälen, halbieren und die Kerne mit einem Löffel herausschaben. In Stücke schneiden und in die Suppe geben. Mit Muskatblüte, Garam Masala und Salz würzen. Die Suppe etwa 10 Minuten leicht köcheln lassen, anschließend die Muskatblüte herausnehmen und die Suppe grob pürieren. Kefir oder Buttermilch in die Suppe einrühren und bei sanfter Hitze erwärmen.

 4 Personen

Wissenswertes:

Garam Masala ist eine Gewürzmischung, die aus Zimt, Kardamom, Nelken, Koriander, Lorbeerblatt und Muskatnuss besteht.

Radieschensuppe mit Rosensalz

2 Bund Radieschen

1 EL Rosensalz

2-3 EL Schlagobers oder Kokosmilch

1 l Wasser

1 EL Sesamöl oder Pflanzenöl

2 EL Mehl

etwas Milch

In einem Topf Sesamöl erhitzen und Mehl darin anschwitzen. Mit etwas Wasser aufgießen, glattrühren und mit dem Rest des Wassers aufgießen.

Radieschen waschen, putzen, zerkleinern und in die Suppe geben. Die Suppe kurz köcheln lassen und mit einem Pürierstab pürieren. Mit Schlagobers oder Kokosmilch, Milch und Rosensalz verfeinern.

 4 Personen

Wissenswertes:

Im Orient wurde die Rose schon früher als Geschmacksveredeler geschätzt. Rosenwein, süße Mandelpasten mit Rosenwasser, Rosengebäck, Rosenblattmarmelade, Rosenessig und vieles mehr kreierten die Köche aus tausendundeiner Nacht.

Zwiebelsuppe mit Melanzani und Lakritzsalz

1 Melanzani
2 Zwiebeln
1 EL Mehl
1 l Wasser
Muskatnuss
1 Zimtrinde
Pfeffer
Salz
Lakritzsalz
eventuell Bergkäse oder Parmesan
Olivenöl
1 EL Butter oder Öl

Melanzani waschen, in Scheiben schneiden, mit Salz bestreuen und etwas ziehen lassen. Anschließend die Melanzanischeiben abwaschen, mit einem Küchenpapier abtupfen und in Mehl wenden.
In heißem Olivenöl auf beiden Seiten anbraten und auf ein Küchenpapier legen.
Zwiebeln schälen, halbieren und in dünne Scheiben schneiden. In etwas Butter anbraten, mit etwas Mehl stauben und mit Wasser aufgießen. Zimtrinde beigeben und bei geringer Hitze einkochen lassen. Melanzani in Streifen schneiden und zur Suppe geben. Zimtrinde herausnehmen und mit Lakritzsalz, Pfeffer und Muskatnuss würzen.

Die Suppe in Tellern anrichten und eventuell mit Käse oder Parmesan bestreuen.

VEGAN

4 Personen

Der ausgleichende Salbei verstärkt den Geschmack der herzhaft energie-geladenen Suppe.

Salbeibohnensuppe

1/4 kg große Bohnen
1/8 l Kokosmilch
3/4 l Wasser
1 große rote Zwiebel
Olivenöl
1/16 l weißer Balsamico Essig
8 Salbeiblätter
1 Lorbeerblatt
1/4 TL Kümmel
2 Thymianzweige
1 Majoranzweig
1 TL Rauchsalz
Pfeffer

Bohnen über Nacht in 1/2 l Wasser stehen lassen. Am näch–sten Tag abspülen. Die Zwiebel würfelig schneiden und in einem Topf mit etwas Olivenöl anrösten.
Bohnen, Salbeiblätter, Lorbeerblatt, Kümmel, Majoran, Thymian, Essig, Salz und Pfeffer sowie etwas Wasser beige-ben und ca. 40 Minuten weichkochen.
Das Lorbeerblatt herausnehmen und die Suppe mit einem Pürierstab fein pürieren. Wer will, streicht die Suppe durch ein Sieb, um die Schalenreste zu entfernen, die aber gut für die Verdauung sind.
Kokosmilch nach Geschmack unterrühren und servieren.

Als Dekoration Brotscheiben dünn schneiden und anrös-ten.

VEGAN

4 Personen

Tipp:

Einweichwasser nie weggießen, sondern als Gießwasser für Topfpflanzen verwenden.

Wissenswertes:

Salbei ist wie ein Trostpflaster für die Seele. Der Duft des Muskatellersalbei stimmt heiter. Der bei uns übliche Salbei ist der spanische Salvia officinalis. Er hat einen hohen Magnesium- und Zinkgehalt.

Maiglöckchen und Bärlauch werden oft verwechselt.

Steirische Bärlauchsuppe
mit schwarzem Gold

1 Bund Bärlauchblätter
1 l Wasser
50 g Polenta
1 TL Bärlauchsalz
Muskatnuss und Pfeffer
Obers oder Kokosmilch
etwas Kürbiskernöl
Salz oder Bärlauchsalz

In einem hohen Topf Wasser mit Salz zum Kochen bringen. Bärlauch grob schneiden und im Salzwasser kurz kochen. Die Suppe mit einem Pürierstab pürieren.
Polenta mit 1-2 Schöpfern Suppe anrühren und in die Suppe einrühren. Bei mittlerer Hitze köcheln lassen, damit die Polenta aufgeht und so die Suppe sämig wird.
Mit geriebener Muskatnuss, Salz und Pfeffer abschmecken. Mit Obers oder Kokosmilch verfeinern.

In jeden Teller mit Suppe noch je 1 EL Kürbisöl rühren.

VEGAN

4 Personen

Tipp:

Ein gutes Öl darf keinen bitteren Geschmack hinterlassen. Ein Tropfen davon bleibt auf einem Salatblatt haften und zerfließt nicht.

Wissenswertes:

Für einen Liter Kürbiskernöl werden 2,5 kg getrocknete Kerne von etwa 30 Kürbissen benötigt. Unbedingt auf das Qualitätsmerkmal g.g.A achten, denn nur das garantiert 100% reines Kürbiskernöl aus der Steiermark.

Als Wahlsteirerin geht nichts ohne Kürbis und dicke Käferbohnen!

Steirische Brotsuppe

300 g Käferbohnen

Butterschmalz oder Öl

2 Zwiebeln

2 Knoblauchzehen

4 Karotten

3 Stängel Staudensellerie

6 Stängelblätter vom roten Mangold

1 kleiner Weisskrautkopf (300 g)

2 große Erdäpfel

1 Schnitte Kürbis (250 g)

4 EL Ajvar mild (das ist eine Paprika-
paste im Glas)

1 Zweig Bohnenkraut, Quendel,
Thymian

wenn vorhanden etwas Selleriekraut

aus dem Garten

2 Wacholderbeeren

2 Lorbeerblätter

1 TL Kümmel

1/2 l Schilcher oder Weißwein

1/2 l Wasser

1 Gemüsebrühwürfel

1 1/2 TL Salz oder Chilisalz

Kürbiskernöl zum Anrichten

als Suppeneinlage altes Brot

Käferbohnen über Nacht einweichen und am nächsten Tag in Wasser mit Lorbeerblättern (ohne Salz) ca. 30 Minuten weich kochen. Zwiebeln schälen und kleinwürfelig schneiden, in einen Topf geben und in etwas Butterschmalz anbraten. Weisskraut nudelig schneiden, mit Knoblauch und Kümmel zu den Zwiebeln geben und unter Rühren anschwitzen.

Das restliche Gemüse putzen und in Scheiben schneiden. Die Erdäpfel schälen, würfeln und mit den Bohnen und dem Gemüse in den Topf geben. Mit Weißwein und Wasser aufgießen. Gemüsebrühwürfel, Bohnenkraut, Quendel, Thymian, angestoßene Wacholderbeeren, Chili, klein geschnittenes Selleriekraut und Bergkernsalz zugeben und bei mäßiger Hitze schmoren lassen. Lorbeerblatt herausnehmen und

Zum Schluss Ajvar untermischen und abschmecken.

Eine Scheibe altbackenes Landbrot in den Suppenteller legen und mit Suppe aufgießen.

VEGAN

4 Personen

Tipp:

Ein Esslöffel Kürbiskernöl obenauf krönt das einfache Gericht, das mehr eine nahrhafte Hauptspeise zu jeder Jahreszeit als eine Suppe ist!

Meine Mama macht die beste Erdäpfelsuppe. Sie hat zur Erdäpfelsuppe immer gebackene Mäuse serviert.

Erdäpfelsuppe Mama

1/8 kg Erdäpfel

1 l Wasser

1 Lauchstange

1 kleine Karotte

2 EL Sauerrahm

1 TL Bergkernsalz

ein kleiner Schuß Essig

Muskatnuss

Liebstöckel (wenig, da intensiv!)

1 Zweig Bohnenkraut

1 Lorbeerblatt

etwas Petersilie

Pfeffer

1 TL Butter

etwas Mehl

Eine Butterschwitze machen. Dafür Butter in einem Topf aufschäumen lassen. Etwas Mehl einstäuben, kurz anbraten, mit etwas Wasser aufgießen und mit einem Schneebesen glattrühren. Restliches Wasser zugeben und aufkochen lassen. Erdäpfel schälen und in Würfel schneiden. Die Karotte und den Lauch putzen, in Scheibchen schneiden und mit den Erdäpfeln garen.

Mit Liebstöckel, Bohnenkraut, Lorbeerblatt, Muskatnuss und etwas Essig würzen und ziehen lassen.

Mit einem Pürierstab grob pürieren, damit noch einige Gemüsestücke ganz bleiben. Petersilie fein hacken und mit dem Sauerrahm unter die Suppe ziehen.

Gebackene Mäuse sind Original! (Rezept Seite 165)

 4 Personen

Ajvar oder Ajwar ist ein Brei aus Paprika und Melanzani, der vorwiegend im Balkan als Würzmittel und Brotaufstrich dient.

Paprika-Kürbissuppe mit Zitronengras und Ölperlen

1/4 kg Kürbis
4 EL Ajvar scharf
1 Zitronengrasstängel
1 Knoblauchzehe
4 EL Obers oder Kokosmilch
1 l Wasser
1 TL Salz oder Bergkernsalz
Kürbiskernöl

In einem Topf Wasser mit Salz zum Kochen bringen. Kürbis schälen, entkernen und in Stücke schneiden. Mit Zitronengras und Knoblauch im Salzwasser weichkochen.
Das Zitronengras aus der Suppe entfernen und die Kürbissuppe pürieren. Ajvar und Obers oder Kokosmilch unterrühren und abschmecken.
Mit Kürbiskernöl beträufeln und garnieren.

VEGAN

4 Personen

Wissenswertes:

Zur traditionellen Herstellung von Ajvar werden rote Paprika gehäutet, entkernt, angeröstet und unter ständigem Rühren mit etwas Öl über mehrere Stunden sanft gebraten, bis sie sich in einen Brei aufgelöst haben. Gewürzt wird nur mit Salz und Pfeffer. Luftdicht verschlossen ist dieser Ajvar über längere Zeit haltbar. In moderneren Varianten werden rote Gemüsepaprika und Melanzani erst im Backofen geröstet und geschält, die Paprika entkernt, alles fein gehackt, mit Olivenöl und Essig, Peperoni, Knoblauch, Pfeffer, Salz und feingehackten, gedünsteten Zwiebeln vermischt und sanft gegart bzw. eingekocht.

Eine Bäuerin, Freundin meiner Mutter, **bringt ihr oft frischen**
Topfen mit, der herrlich schmeckt, aber für einen kleinen Haushalt
einfach zu viel ist. So bin ich auf die Idee gekommen, den Topfen zu
Kochkäse zu verarbeiten. Kochkäse hält sich wunderbar im Kühl-
schrank! (Rezept Seite 43)

Kochkäsesuppe

200 g Kochkäse
1 EL Butter
1 EL Mehl
1/2 l Milch
1/2 l Wasser
1/2 TL Kümmel
1 TL Bergkernsalz
Muskatnuss
1 Prise Rote Rübensalz

In einem Topf Butter schmelzen und mit Mehl kurz anrösten. Vom Herd nehmen und mit etwas Milch aufgießen.
Mit einem Schneebesen glattrühren und abermals aufgießen. Kochkäse zugeben und mit Wasser auffüllen. Die Suppe kurz aufkochen lassen und mit Bergkernsalz, Muskatnuss und Kümmel würzen.

 4 Personen

Tipp:
Rote Rübensalz vor dem Servieren aufgestreut bringt Farbe
in die Suppe!

Selleriesuppe
mit Kren und Parmesankipferl

1 l Wasser
1 mittlerer Knollensellerie
4 Stück Stangensellerie
1 TL Kren
1 Spritzer Birnenschnaps
100 ml Obers

Knollensellerie schälen, würfeln und in 1 Liter Salzwasser weich kochen. Den Stangensellerie waschen und in feine schmale Streifen schneiden. Einen Teil in die Selleriesuppe geben. Nochmals kurz aufkochen lassen. Mit Obers und einem Spritzer Birnenschnaps verfeinern und mit den restlichen Selleriescheiben belegen.

Parmesankipferl

300 g Vollkornmehl
50 g Parmesan
50 g Walnüsse
1-2 TL Bergkernsalz
180 g Butter
Muskatnuss
4 EL Olivenöl
ca. 20 g geriebenen Parmesankäse

Parmesan und Walnüsse fein reiben. Vollkornmehl auf ein Brett streuen und mit Parmesan, Walnüssen, geriebener Muskatnuss sowie Bergkernsalz mischen. Zimmerwarme Butter in die Masse einschneiden und alles rasch zu einem Teig kneten. Den Teig in Alufolie wickeln und im Kühlschrank ca. 30 Minuten rasten lassen. Dann den Teig in Stücke schneiden und auf einem bemehlten Brett zu fingerdicken Rollen formen. Dabei nicht vergessen – die Kipferl gehen beim Backen etwas auf! Nun die Rollen in Stücke teilen und zu Kipferl biegen. Etwas Olivenöl in eine kleine Schale geben. Eine Seite der Kipferl mit Olivenöl bestreichen und den Parmesan aufstreuen. Auf ein Backblech Backpapier auflegen und die Kipferl mit etwas Abstand darauf verteilen. Im vorgeheizten Backrohr bei ca. 160 °C goldbraun backen. Die gebackenen Kipferl auf dem Blech noch etwas abkühlen lassen, da sie sonst brechen können.

4 Personen

Zu der Suppe oder als Beigabe zu Bier und Wein die etwas andere Begleitung!

Hauptspeisen

Sorgsamer Umgang mit Nahrungsmitteln war ein Gebot. Es soll nichts von den aufgetragenen Speisen und getränken zurückbleiben oder weggeworfen werden. Alles wurde restlos verzehrt oder weiterverarbeitet. besonders streng achtete man bei Festmahlen darauf. Säuberlich pflegten die Teilnehmer zum Schluß das Eßgeschirr mit den Finger auszuwischen, diesen dann, wie entsprechend den Löffel, abzulecken und an der Kleidung oder auch dem Haar trockenzureiben. Brot, das man angebissen hatte, mußte man unbedingt vollends aufessen

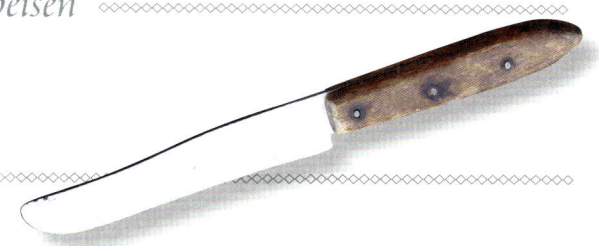

Hexenknödel

250 g Knödelbrot
200 g geräucherter Tofu
50 g Sojamehl oder 1 Ei
1/4 l Wasser mit 50 g Sojamehl
vermischt oder 1/4 l Milch mit 1 Ei
verquirlt)
ca. 60 g Vollkornmehl
1 Zwiebel
2 EL Sojasoße
1 TL Rauchsalz
1/2 TL Kümmel
1 TL Backpulver
Petersilie
etwas Pfeffer
1 EL Butter oder Öl

4 Personen

Knödelbrot in eine Schüssel geben. Mit lauwarmer Milch oder Wasser begießen und ca. 15 Minuten stehen lassen. Inzwischen die Zwiebel schälen, klein hacken und in einer Pfanne in Butter bräunen. Geräucherten Tofu in ca. 5 mm kleine Stücke schneiden und mit den Zwiebeln kurz in Butter durchrösten.

Die Mischung mit Kümmel, Pfeffer, Salz und Sojasoße würzen und unter das aufgeweichte Knödelbrot mengen. Petersilie grob hacken und mit dem Vollkornmehl über die Masse streuen.

Mit einem großen Kochlöffel leicht durchmischen. Mehl in eine Schüssel streuen und mit nassen Händen Knödel formen. Zuerst in Mehl drehen, dann wieder mit nassen Händen drehen und in wallen kochendes Salzwasser einlegen. Sofort mit einem Kochlöffel umrühren, damit sich die Knödel nicht auf den Topfboden absetzen. Wenn die Knödel obenauf schwimmen, sind sie fertig.

Tipp:

Schmecken hervorragend mit Krenrahmsoße, warmem Krautsalat (Rezept Seite 141), Sauerkraut oder als Einlage in einer klaren Gemüsesuppe.

Krenrahmsoße

1/2 Bund Schnittlauch
1 EL frischer Kren
1/2 Becher Sauerrahm
oder Sojacreme
etwas Bergkernsalz und ein paar
Spritzer Zitronensaft

Sauerrahm glatt rühren und mit frisch geriebenem Kren und klein geschnittem Schnittlauch verrühren.
Mit etwas Zitronensaft und Bergkernsalz würzen.

Faschierte Laibchen fleischlos

100 g Champignons

2 Semmeln (oder 80 g Knödelbrot)

150 g Zwiebeln (1 große Zwiebel)

100 g Räuchertofu

50 g Sojagranulat

50 g Soja fein

2 Eier

1/8 l Milch

1 TL Butterschmalz

1 TL Hefepaste

1 TL Majoran

1 TL Lakritzsalz

20 g Semmelbrösel

etwas Kümmel

Pfeffer

Butterschmalz zum Anbraten

Semmel würfelig schneiden und mit warmer Milch begießen. Zwiebel fein hacken und in Butterschmalz goldbraun anrösten. Champignons klein schneiden und mit der Zwiebel mitrösten. Sojagranulat und Soja fein zugeben und kurz durchrösten. Mit Majoran, Lakritzsalz, Kümmel und Pfeffer würzen. Die Semmeln nicht ausdrücken, gemeinsam mit den Eiern und dem Räuchertofu zur Masse geben und alles gut vermengen. Im Mixer kurz durchmixen, damit sich die Masse besser bindet. Mit den Händen zu Laibchen formen und in Semmelbrösel wälzen. In heißem Butterschmalz anbraten.

Dazu passt Gurkensalat (Rezept Seite 140) oder Erdäpfelsalat (Rezept Seite 141).

 4 Personen

Bratensoße vegan

1-2 EL pflanzliches Schmalz

2 Knoblauchzehen

1/2 TL Kümmel

2-3 EL Sojasoße

2-3 EL Wasser

Pflanzliches Schmalz in einer Pfanne erhitzen, den Knoblauch mit dem Messer andrücken und anbraten.
Kümmel zugeben und mit Sojasoße ablöschen. Etwas Wasser zugeben und Knoblauch und Kümmel mit einem Sieb abgießen. Die Soße abschmecken.

 4 Personen

Faschierter Braten ohne Fleisch

2 Semmeln

100 g Sojaschnetzel fein

70 g Haferflocken

4 Champignons

1/8 l Milch lauwarm

3 Eier

1 Zwiebel

1 Knoblauchzehe

1 Essiggurkerl

1 TL Hefepaste

1 TL Estragon Senf

1 TL Bergkernsalz

1 TL Lakritzsalz

1 TL Butterschmalz

1 Messerspitze Schabzigerklee

Petersilie

Pfeffer

etwas geriebener Emmentalerkäse

3-4 EL Sauerrahm

1 EL Tomatenmark

1/8 l Wasser

 4 Personen

Zwei Eier hart kochen. Semmeln in Scheiben schneiden und mit warmer Milch begießen. Zwiebel schälen, fein hacken und in etwas Butterschmalz anbraten. Pilze in Scheiben schneiden und kurz mitbraten. Im Mixer die weichen Semmelscheiben mit geschälter Knoblauchzehe, Essiggurkerl und Pilzzwiebelmischung grob mixen. Sojaschnetzel zugeben und mit 2/3 der Haferflocken, Senf, Schabzigerklee, Ei, Bergkern- und Lakritzsalz durchmischen. Mit Pfeffer, Hefepaste und fein gehackter Petersilie abschmecken. Die hartgekochten Eier schälen. Aus der Bratmasse einen Stritzel formen, die Eier hineinstecken und zusammendrücken. Eine Auflaufform mit Butter auspinseln und den Braten hineinlegen. Mit etwas geriebenem Emmentalerkäse bestreuen. Rahm mit Tomatenmark, etwas Salz und Wasser glatt rühren und um den Braten herum angießen. Bei 160°C ca. 30 Minuten im vorgeheizten Backrohr braten, davon die ersten 15 Minuten mit Alufolie abdecken.

Mein Gurkensalat ist dazu unerlässlich (Rezept Seite 140)!

Wissenswertes:

Schabzigerklee wird auch Zigerklee, Zigerkraut (Schweiz), Zigainerkraut (Südtirol), Käseklee, Brotklee oder Blauer Steinklee genannt. Seine Blätter enthalten Cumarin. Er wird zur Herstellung des sehr aromatischen Schweizer Käses, dem Schabzigers, verwendet. In Südtirol wird er unter dem Namen Zigainerkraut als Brotgewürz für Vinschgauer Fladenbrot, Schüttelbrot und für Roggenbrote verwendet.

Eine regionale Spezialität im Hausruckviertel sind die Frankenburger Bratknödel, allerdings sind diese nicht vegetarisch!

Pflanzliche Bratknödel

Teig:
500 g griffiges Mehl
knapp 250-300 ml Wasser
1 TL Bergkernsalz

Fülle:
4 Zwiebeln
Kokosfett
100 g Sojagranulat
1/2 Packung pflanzliches Schmalz
1/8 l Wasser
2 EL Paprika edelsüß
1 Prise scharfen Paprika
1 EL Sojamehl oder Stärkemehl
1 EL Salz oder Bergkernsalz
1 EL Hefepaste
1 TL Kümmel
2 Knoblauchzehen
etwas rote Chilischote oder schwarzen Pfeffer
Majoran
2 l Wasser zum Kochen
1 TL Salz
Öl zum Anbraten

VEGAN

4 Personen

Zwiebel fein schneiden und in etwas Kokosfett hellbraun
anbraten. Sojagranulat kurz mitrösten und mit etwas Wasser aufgießen. Mit auf Salz gepresstem Knoblauch, Kümmel, Bergkernsalz, Hefepaste, fein geschnittener Chilischote, Majoran und Paprika würzen. Am besten die Füllmasse
für kurze Zeit ins Gefrierfach stellen. Wenn die Fülle etwas
abgekühlt ist, mit pflanzlichem Schmalz und Sojamehl
vermengen. Mit den Händen kleine Kugeln formen, in
edelsüßem Paprika rollen und beiseite stellen.
Für den Teig Mehl, Salz und Wasser zu einem mittelfesten
Teig, der sich vom Gefäß löst glattrühren. Den Teig in ca.
2x2 cm kleine Stücke teilen und mit etwas Mehl bestäuben.
Ein Teigstück wie eine kleine Pizza auseinander drücken,
Füllkugeln auf das Teigstück setzen und die Teigenden gut
zusammendrücken. Die Knödel kurz in Mehl drehen und
beiseite legen.
Wasser zum Kochen bringen, salzen und die Knödel unter
ständigem Rühren einlegen und köcheln lassen. Wenn sie
obenauf schwimmen, sind sie fertig.

Original dazu Krenrahmsoße (Rezept Seite 83) mit Sauerkraut (Rezept Seite 140).

Tipp:

Ich bereite immer gleich mehr Füllmasse und friere die fertig geformten Füllkugeln ein.
Wichtig: beim Aufschneiden der Knödel soll ein roter Saft
austreten.

Ich bereite Gulasch vorwiegend in der kalten Jahreszeit zu und stelle es für ein paar Stunden an die Seite der Ofenherdplatte meines Holzofens. So kann die Zwiebel wunderbar einkochen und die Einkochwärme wärmt unsere Körper.

Bier-Gulasch

600 g Zwiebel

60 g Sojawürfel

1 EL pflanzliches Schmalz oder Kokosfett

1 EL roter Balsamicoessig

1 TL Kümmel

1 EL Majoran

1 EL Hefepaste

1 TL Bergkernsalz

2 Knoblauchzehen

2 EL Paprika edelsüß

1 Messerspitze scharfer Paprika

1-2 EL Ajvar scharf

Pfeffer

500 ml Bier

250 ml Zweigelt oder

(1 1/4 l Wasser)

als Beilage Bandnudeln

VEGAN

4 Personen

Zwiebeln schälen, fein schneiden und in einem Topf mit pflanzlichem Schmalz glasig anbraten. Sojastücke, Kümmel, Majoran und Bergkernsalz zugeben und kurz durchbraten. Paprika überstäuben, durchrühren und mit etwas Wein aufgießen. Mit Hefepaste, Ajvar, Balsamicoessig, Pfeffer und mit in Salz zerdrücktem Knoblauch würzen. Bier zugießen und bei mittlerer Hitze köcheln lassen. Ohne Schnellkochtopf oder Dampfgarer dauert es ca. 2,5-3 Stunden. Dabei gelegentlich umrühren und wenn nötig mit etwas Wasser oder Rotwein aufgießen. So werden die Sojastücke schön saftig weich.

Eventuell mit etwas Mehl stauben und einmal aufkochen lassen.

Für die Bandnudeln in einem Topf Wasser mit Salz zum Kochen bringen und die Nudeln darin weich kochen. Abgießen, mit Wasser abschwemmen und zum Gulasch servieren.

Tipp:

Zum Auftunken des Gulaschsaftes eignet sich statt der Nudeln auch eine Semmel.

Wissenswertes:

Das Urrezept stammt von ungarischen Hirten. „Gulyá" heißt auf ungarisch Rinderherde. Das Fleischgericht, das von den ungarischen Rinderhirten im Kessel gekocht wird, heißt „gulyas hús", verkürzt „gulyas". Nur die Ungarn verstehen unter Gulasch eine Suppe. Unser Gulasch heißt in Ungarn „Pörkölt".

Gefüllte Paprika

4 Paprika
1 Zwiebel
Butterschmalz
1 Semmel oder 40 g Knödelbrot
1/8 l Milch
50 g Sojagranulat
1 Ei
4 Champignons
20 g Haferflocken
200 g gekochter Reis
1 TL Hefepaste
1 TL Lakritzsalz
1/2 TL Rauchsalz
1 Knoblauchzehe
1 Messerspitze Schabzigerkleesamen
gemahlen
Majoran
Pfeffer
1/2 l pürierte Tomaten
1 Spritzer Weißweinessig
1 Messerspitze Lakritzsalz
1/2 TL Vollrohrzucker
Zahnstocher

Reis in Salzwasser weichkochen. Paprika waschen, den Deckel abschneiden und die Paprika aushöhlen. Zwiebel klein schneiden und in etwas Butterschmalz anbraten. Sojagranulat und fein gehackte Pilze kurz mitrösten. Semmel in Würfel schneiden und in warmer Milch einweichen. Die Semmelmasse ausdrücken und mit dem Zwiebel mischen. Haferflocken und Reis zugeben. Knoblauchzehe auf etwas Salz zerdrücken und dazugeben. Ei unterrühren und mit Schabzigerklee, Hefepaste, Majoran, Pfeffer und Salz würzen. Die Masse in die Paprika einfüllen und die Paprikadeckel mit Zahnstocher aufstecken.

In einem Topf die pürierten Tomaten erhitzen und mit Essig und Zucker würzen. Paprika in die Soße stellen und etwa 45 Minuten weichdünsten lassen.

4 Personen

Wissenswertes zur Tomate:

Als „Apfel der Liebe" brachten die Spanier im 16. Jahrhundert die damals noch gelben Früchte nach Europa. Die Tomate bekam in Italien den liebevollen Namen „pomodoro", das bedeutet „Goldapfel", was wahrscheinlich auf die Farbe zurückzuführen ist. Erst später wurde die Tomate durch Züchtung rot, wie wir sie heute kennen. Wir nennen sie „Paradeiser", weil Adam im Paradies möglicherweise mit dieser Liebesfrucht verführt wurde. In vielen Ländern Europas bezahlten Männer früher hohe Summen für eine Tomate, weil sie auf ihre aphrodisierenden Kräfte hofften. Die Tomate entwickelte sich zum Lieblingsgemüse der Italiener und zum wichtigsten Bestandteil der „Cucina italiana". Pasta soll ja angeblich glücklich machen!

Wasabi ist der japanische Kren, er ist verdauungsfördernd und wärmend.

Rote Rüben Laibchen

1/4 kg Rote Rüben
100 g Knödelbrot
4 EL Sojamehl fett
50 g Vollkornmehl
1 EL Wasabipaste oder Kren
50 g gehobelte Mandeln
ca.1/8 l Roter Rübensaft oder auch
Wasser
1 EL Essig
1 EL Krensalz
1/2 TL Kümmel

Rote Rüben in der Küchenmaschine zerkleinern. Knödelbrot in Rübensaft oder Wasser einweichen und mit den Roten Rüben mischen. Sojamehl mit Vollkornmehl über die Rote-Rüben-Masse sieben und abmengen. Mit Salz und Wasabipaste oder frisch geriebenem Kren, Essig und Kümmel würzen.
Handflächengroße Laibchen formen und beidseitig in Mandeln wälzen. In einer Bratpfanne bei mittlerer Hitze auf beiden Seiten bräunen.

Der liebliche Geschmack der Roten Rüben verlangt nach einer kräftigen Soße mit Gorgonzola und grünem Blattsalat.

VEGAN

4 Personen

Gorgonzolasoße

100 g Gorgonzola
1/4 l Wasser
1 EL Gemüsewürzfond
weißer Pfeffer
2 TL Stärkemehl
eventuell Obers

Gorgonzola in Wasser erhitzen und mit Gemüsewürzfond und Pfeffer würzen. Mit Stärkemehl etwas eindicken. Eventuell mit Obers verfeinern.

Wissenswertes:

Seit dem 11. Jahrhundert wird Gorgonzola in der Ursprungsregion Lombardei als Stracchino di Gorgonzola (Der Müde von Gorgonzola) oder Stracchino verde (Der grüne Müde) hergestellt. Ursprünglich wurde er im Herbst und im Winter gekäst, wenn die Kühe müde (ital. stracche) vom Almabtrieb waren.

In meiner Kindheit gab es viel „Rauna" zu essen, das waren gekaufte eingelegte Rote Rübenscheiben, die ich gar nicht mochte und auch nicht aß. Heute liebe ich dieses Gemüse und seine schier grenzenlosen Möglichkeiten der Verarbeitung.

◇◇

Rote Rüben Gulasch mit Rauchsalz und Gorgonzola

2 große Zwiebeln
2 Rote Rüben
ca. 3/4 l Wasser
1 Tofu (Seitanstücke sind noch besser!)
6 Zwetschken
1 Zimtstange
4 Wacholderbeeren
3 EL Rotweinessig
1 EL Mehl zum Binden
1 EL Hefepaste
1 EL Kümmel
1 TL Butterschmalz oder Sonnenblumenöl
1 TL Rauchsalz
1 TL Krensalz
1 Messerspitze Garam Masala
schwarzer oder langer Pfeffer
70 g Gorgonzola
ca. 200 g Bandnudeln

Zwiebeln fein schneiden und in einem Topf in Butterschmalz anbraten. Rote Rüben waschen und gemeinsam mit Tofu oder Seitan in mundgerechte Stücke schneiden, zu den Zwiebeln geben und durchrösten. Kümmel, Wacholderbeeren, Hefepaste, Rotweinessig, Zimtstange und Garam Masala zugeben und mit etwas Wasser aufgießen. Salzen und pfeffern und das Ganze bei mäßiger Hitze ca. 45 Minuten einkochen lassen. Vor dem Ende der Garzeit Zimtstangen herausnehmen und ein paar Zwetschkenhälften mitköcheln lassen. Gorgonzolastücke in das Gulasch einrühren und mit etwas Mehl binden, abschmecken und mit Bandnudeln servieren.

Tipp:
Auch ein Stück Weißbrot schmeckt hervorragend zum Auftunken der Soße.

4 Personen

Ich liebe es im Wald auf Pilzsuche zu gehen, um gleich anschließend die gefundenen Schätze zu verkochen. Dieser Herrenpilz mit einem Durchmesser von 28 cm und auch noch ohne Wurm, wurde von meinem Mann Ortwin gefunden!

Pikante Herrenpilze mit Zwiebeln

ca. 1/2 kg Herrenpilze und Eierschwammerl gemischt – je nach
Pilzfund
1 große rote Zwiebel
1 EL Butter oder Sonnenblumenöl
1-2 TL grüne eingelegte Pfefferkörner
1 Zimtstange
Salz oder Bergkernsalz
Vanillesalz

Zwiebel schälen, halbieren und in feine Streifen schneiden. In einer Pfanne etwas Butter oder Öl schmelzen und eine Zimtstange darin anrösten. Zwiebel zugeben und mitbra-ten. Pilze putzen, grob schneiden oder halbieren und zu der Zwiebel geben. Alles gut durchrösten. Mit Pfefferkör-nern und Bergkernsalz würzen.

Ich mag es, wenn Pilze Biss haben, aber wer eine Soße will, nimmt etwas Crème Fraîche und gießt mit wenig Wasser auf, fertig. Vorher die Pilze herausnehmen.

Dazu passen Semmelknödel (Rezept Seite 138), auch Reis mit Kürbiskernöl (Rezept Seite 104) oder Reis mit Schwarz-tee (Rezept Seite 27)

VEGAN

4 Personen

Lasagne mit Bierkäse

Lasagneblätter
500 g Erdäpfel
1 Schnitte Bierkäse
1 Melanzani
50 g Vollkornmehl
1/8 l Weizenbier
1/8 l Wasser
1/8 l Milch (od. Wasser-Bier-Gemisch)
1 TL Bergkernsalz
1 TL Kümmel
Muskatnuss, Pfeffer
125 g Mozzarellalaibchen
1 TL Butter für die Soße
Olivenöl zum Anbraten

 4 Personen

In einem Topf Wasser mit Salz zum Kochen bringen, darin die Erdäpfel weichkochen, schälen und abkühlen lassen. Melanzani der Länge nach in 8 mm dünne Scheiben schneiden, salzen und etwas stehen lassen. Die Melanzanischeiben waschen, mit Küchenkrepppapier abtupfen und beidseitig in Olivenöl anbraten. Butter in einem Topf schmelzen, Mehl darin anschwitzen und mit etwas Bier aufgießen. Von der Herdplatte nehmen und mit dem Schneebesen glatt rühren. Wieder mit Bier, Milch und Wasser aufgießen und glatt rühren. Aufpassen, dass keine Klümpchen entstehen. Die sämige Soße mit Salz, Pfeffer und Muskatnuss würzen. Eine Auflaufform mit Öl ausstreichen und mit in Scheiben geschnittenen Erdäpfel belegen. Lasagneblätter auflegen. Melanzanischeiben auf die Teigblätter auflegen, mit Soße bestreichen und Nudelblätter darauf legen. Erdäpfelscheiben auflegen, mit Kümmel bestreuen und mit Soße bestreichen. Bierkäse in 3-4 mm dicke Scheiben schneiden und auf die Erdäpfelscheiben mit Soße legen. So fortfahren, bis alle Zutaten aufgebraucht sind. Den Abschluß bildet eine Lage Lasagneblätter, diese mit dem Rest der Soße bestreichen und mit in Scheiben geschnittenen Mozzarella belegen. Im vorgeheizten Backrohr bei 180 °C ca. 30 Minuten goldbraun backen.

Grüner Salat in jeder Form passt wunderbar!

Wissenswertes:

Bier ist das älteste alkoholische Getränk der Geschichte. Der Legende nach soll im 4. Jh. v. Chr. ein Sumerer ein Stück Brot im Regen vergessen haben, welches dann zu gären begann. Mutig gekostet, ebenso von seinen Mitbürgern, war das flüssige Brot erfunden! Im 7.Jh. n. Chr. begannen die Mönche zu brauen und tranken das nahrhafte Bier während der Fastenzeit. Außerdem machten die Mönche eine wichtige Entdeckung: Sie gaben dem Bier Hopfen bei und so wurde es würziger und auch länger haltbar.

Pilzspieße mit Kapern in Weißweinteig

Holzspieße
1/2 kg Champignons
100 g Mehl
1 Ei
1 gestrichener TL Salz
1/8 l Weißwein
Kapernbeeren mittelgroß
1 Zitrone
Salz und Pfeffer
2-3 EL Mehl zum Wenden
Öl zum Ausbacken

Die Pilze waschen und den Strunk aus den Pilzen drehen. Eidotter vom Eiklar trennen und das Eiklar zu festem Schnee schlagen.

Mehl mit Salz, Dotter, Pfeffer und Weißwein am besten in einer langen Kastenform glatt rühren und den Schnee unterheben.

Pilzköpfe in Mehl wenden und ca. 5 Stück Pilze auf einen Holzspieß stecken. Zwischen jedes Pilzstück je 1 Kaper aufstecken.

Öl in einem Topf stark erhitzen.

Die Pilzspieße im Weißweinteig wenden, sofort in das heiße Öl legen und goldbraun backen.

Auf ein Tablett legen, mit Zitronenspalten servieren und sofort genießen.

Frischer grüner Salat oder Gurkensalat (Rezept Seite 140) schmeckt dazu, ebenso passt ein Jogurtknoblauchdip.

 4 Personen

Tipp:

Die Pilzspieße sollten sofort gegessen werden, weil sonst die Flüssigkeit der Pilze den Teig durchfeuchtet.

Wissenswertes:

Die Kapernstrauchknospen werden im Frühjahr von Hand geerntet. Nach einem Tag werden sie in Salzlake und Essig eingelegt. Durch diesen Zusatz entstehen Caprinsäure und Senfölglycoside, die den Kapern ihren würzigen Geschmack verleihen.

Kapern sollten geschlossen, oliv bis bläulichgrün und klein sein. Kleine Kapern schmecken feiner als große Kapern.

Kürbiskernöl hat einen intensiven Eigengeschmack. Es ist grün, schmeckt nussig und duftet mild und würzig.

Grüner Spargel mit steirischem Reis

1/2 kg grüner Spargel
1 TL schwarze Pfefferkörner
2 EL Olivenöl
Bio-Orangen

Das holzige Ende der Spargelstangen abschneiden. Pfefferkörner im Mörser anstossen. In einer Pfanne Olivenöl erhitzen und die gestoßenen Pfefferkörner kurz anbraten. Spargel zugeben und bei mittlerer Hitze rundherum garbraten. Mit Orangenscheiben garnieren.

4 Personen

Steirischer Reis mit Rosinen

300 g Reis
40 g Rosinen
2 EL Kürbiskernöl
1 1/2 TL Bergkernsalz
1/2 l Wasser

Kürbiskernöl in einem Topf erwärmen. Den Reis darin kurz anbraten und mit Wasser ablöschen. Rosinen waschen und dem Reis beigeben, salzen und bei mittlerer Hitze garen.

4 Personen

Tipp:
Bei einem Kürbiskernfleck den verschmutzten Stoff einfach in die Sonne legen. Die Sonne erledigt das ganz allein.

Wissenswertes:
Das Steirische Kürbiskernöl g.g.A. besitzt von allen Ölen mit 80 Prozent eine der höchsten Mengen an einfach und mehrfach ungesättigten Fettsäuren. Es enthält viel mehr Vitamin E als z. B. Sonnenblumenöl, Maiskeimöl oder Olivenöl. Wie alle pflanzlichen Öle ist es natürlich cholesterinfrei.

Quargel-Bärlauchknödel mit Bröselbutter

Teig:

1/2 kg Erdäpfel

120 g Mehl

1 Ei

3 EL Grieß

Bergkernsalz

Fülle:

200 g Quargel (fettfrei und laktose-frei)

150 g Bärlauch

1 EL Vollkornbrösel

1 gehäufter TL Bergkernsalz

Muskatnuss

Pfeffer

100 g grobe Brösel

50 g Butter

 4 Personen

In einem Topf Wasser mit etwas Salz zum Kochen bringen und die Erdäpfel darin weichkochen, abseihen, schälen und noch heiß zerdrücken (oder passieren).

Mit Mehl, Grieß, Ei und Bergkernsalz rasch zu einem Teig verarbeiten. Eine Rolle formen und diese in gleich große Stücke schneiden.

Quargel mit grob geschnittenem Bärlauch, Salz, Pfeffer und Muskatnuss im Mixer pürieren.

Mit etwas Vollkornbrösel mischen und zu kleinen Kugeln formen. Auf jedes Teigstück eine Kugel legen, zusammendrücken und Knödel formen. Die Knödel in siedendes Salzwasser einlegen und fünf Minuten zugedeckt langsam köcheln lassen, bis sie obenauf schwimmen.

Butter in einer Pfanne bei mittlerer Hitze langsam schmelzen, Brösel zugeben und goldbraun rösten. Die Butterbrösel auf die Knödel verteilen.

Auch Tomatensoße passt zu den Knödeln.

Tipp:

Den Teig kann man auch für Fruchtknödel verwenden.

Wissenswertes:

Wenn sich schon die Blüte unter den Blättern gebildet hat, ist der Bärlauch nicht mehr sehr intensiv, außerdem sind die Blätter dann schon etwas labbrig.

Bärlauchquiche mit Parmesan

100 g Bärlauch
100 g Parmesan
100 g Walnüsse

Teig:
200 g Vollkornmehl
80 g Butter
1 Prise Salz
3 EL Wasser

Für den Teig das Mehl mit Salz mischen und mit Butterstücken vermengen. Etwas Wasser zugeben und rasch zu einem Teig kneten. Den Teig etwas ruhen lassen. Auf einer bemehlten Fläche in Quicheformgröße ausrollen. In die Form legen und an den Seiten hochdrücken.

Für die Fülle Bärlauch grob schneiden und mit Walnüssen und Parmesan im Mixer pürieren. Die Fülle auf den Quicheteig aufstreichen und im vorgeheizten Backrohr bei 180 °C ca. 30 Minuten backen.

 4 Personen

Wissenswertes:

Das erste frische Grün nach einem langen Winter ist der Bärlauch, auch Ramsen oder Zigeunerlauch genannt, der sich wie ein stark duftender Teppich in feuchten nährstoffreichen Buchenwäldern in Europa ausbreitet. Seinen Namen hat er von den Braunbären, die sich nach ihrem Winterschlaf die Mägen mit Bärlauch vollschlagen, um ihre trägen Därme zu putzen. Darum wird Bärlauch in der Volksmedizin auch zur Reinigung von Magen und Darm empfohlen.

Zucchini-Minz-Röllchen

1/2 kg Erdäpfel
2 lange Zucchini
150 g geriebenen Emmentalerkäse
ca.10 Blatt gehackte frische Minz-
blätter (eine Hand voll)
1/8 l Weißwein
4 EL Mehl
Salz

Die Erdäpfel in Salzwasser kochen. Die Zucchini der Länge nach in 3-5 mm dicke Scheiben schneiden und mit etwas Salz bestreuen.
Pfefferminze fein hacken und mit 3/4 des Käses mischen. Die Masse gleichmäßig auf den Zucchinischeiben verteilen, die Scheiben aufrollen und mit 1-2 Zahnstochern zusammenstecken.
Die Röllchen in Mehl wälzen und in heißem Olivenöl rundherum anbraten. Erdäpfel längs halbieren, am Pfannenrand um die Röllchen legen und mit etwas Weißwein ablöschen.
Etwas einkochen lassen und wieder mit Wein begießen. Restlichen Käse überstreuen und das ganze noch etwas schmoren lassen.

 4 Personen

Tipp:
Das Käsemesser eignet sich hervorragend dazu Zucchinischeiben gleichmäßig zu schneiden.

Wissenswertes:
Das Menthol der Minze erzeugt einen äußerst erfrischenden Geschmack und regt den Appetit an. Die Pfefferminze verliert beim Kochen an typischem Geschmack.

Seitan ist die Fleischalternative für Schnitzel & Co und wird aus Vollweizen hergestellt. Dabei wird durch oftmaliges Waschen des Weizens das Eiweiß (Gluten) herausgewaschen und anschließend in einer Gewürzlake gekocht.

Seitanschnitzel

4 Seitanschnitzel

2 Eier

80 g Semmelbrösel

1/8 l Wasser oder Milch

60 g Mehl

Salz und Pfeffer

200 g Butterschmalz

 4 Personen

Teller für die Panier vorbereiten: In einen Teller gibt man das Mehl, in den zweiten Teller verklopft man mit einer Gabel die Milch mit den Eiern, in den dritten Teller gibt man reichlich Semmelbrösel. Die Seitanschnitzel auf beiden Seiten salzen, pfeffern und in Mehl wälzen, abklopfen, durch die versprudelten Eier ziehen, kurz abtropfen lassen und in Brösel wälzen. Die überflüssigen Brösel abschütteln. In einer großen Pfanne mindestens daumendick Butterschmalz erhitzen. Das Fett muss sehr heiß sein. In heißem Butterschmalz nur so viele Schnitzel langsam auf beiden Seiten goldbraun backen, dass sie genügend Platz haben um zu schwimmen. Die Unterseite sollte nach 1-2 Minuten goldbraun sein. Die Schnitzel wenden und goldbraun backen. Während des Backens die Pfanne schüttelnd hin und her bewegen, damit das Fett über die Schnitzel spühlt. Profis nennen diesen Vorgang "soufflieren". Die Schnitzel herausnehmen und auf ein Küchenpapier legen.

Erdäpfelsalat, grüner Häuplsalat oder auch Gurkensalat dazu ist eine Wonne! (Rezept Seite 140)

Tipp:

Das Fett zum Herausbacken darf nur einmal verwendet werden! Ein Schnitzel soll so trocken sein, dass man mit der Hose drauf sitzen können muss, ohne dass von der Panier ein Fettfleck auf der Hose zurückbleibt.
Zum Neutralisieren des Fettes das Schnitzel mit Zitronenspalten servieren.

Cordon bleu

8 Seitanschnitzel

4 Scheiben Emmentalerkäse

2 Eier

80 g Semmelbrösel

1/8 l Milch

60 g Mehl

Salz und Pfeffer oder Pfeffersalz

200 g Butterschmalz

4 Personen

3 Teller für die Panier vorbereiten: In einen Teller gibt man das Mehl, in den zweiten Teller verklopft man die Milch mit den Eiern mit einer Gabel, in den dritten Teller gibt man reichlich Semmelbrösel. Wenn die Seitanschnitzel dick sind, mit einem scharfen Messer einmal auseinanderschneiden. Auf ein Stück Seitanschnitzel ein Stück Käse legen und mit Zahnstochern befestigen. Auf beiden Seiten salzen, pfeffern, in Mehl wälzen und abklopfen. Durch die versprudelten Eier ziehen, kurz abtropfen lassen und in Bröseln wälzen. Die überflüssigen Brösel abschütteln. In heißem Butterschmalz langsam auf beiden Seiten 4-5 Minuten goldbraun backen Die Schnitzel herausnehmen und auf ein Küchenpapier legen und die Zahnstocher entfernen. Zum Neutralisieren des Fettes mit Zitronenspalten servieren.

Gemischter oder grüner Salat passt herrlich zur knusprigen Panade.

Wissenswertes:

Zahlreiche Legenden ranken sich um das Cordon bleu. Vermutlich stammt es aus der Schweiz, wo eine beliebte Zubereitungsart Panaden aus Paniermehl, Eiern und Mehl sind. Der Begriff Cordon bleu geht auf den französischen König Henri III. zurück. Er gründete 1578 den Ritterorden vom Heiligen Geist. Der König verlieh den kreuzförmigen Orden an einem himmelblauen Band an Personen, die sich besonders auf ihrem Gebiet hervortaten.

Im 18. Jahrhundert waren die Bankette, die einer solchen Ordensverleihung folgten, wegen ihrer Üppigkeit legendär. Der Begriff Cordon bleu steht im französischen Sprachraum stellvertretend für etwas Hervorragendes. Ein Cordon bleu im kulinarischen Bereich ist die Bezeichnung für einen guten Koch, eine gute Köchin.

Was beim Cordon bleu auch keinesfalls fehlen darf, ist die knusprige Panade. In reichlich Butterschmalz wird das Cordon bleu gebraten. Beim Anschneiden soll der geschmolzene Käse sanft aus dem Cordon bleu herausfließen.

Kürbis mit Ingwer auf genudeltem Bett

Bandnudeln
1/4 kg Kürbis
1 Stück frische Ingwerwurzel, etwa
4 cm lang
60 g Gorgonzola
1 Lauchstange
60 g Haselnüsse
1 Räuchertofu
1 TL Bergkernsalz auch Vanillesalz
eventuell etwas geriebenen Kümmel
Butter zum Anbraten

Lauch kreuzweise einschneiden und gründlich waschen. Haselnüsse teilen. Räuchertofu in Streifen schneiden. Den Lauch in feine Ringe schneiden und mit Haselnüssen und Tofustreifen in etwas Butter anbraten. Kürbis schälen, in Würfel schneiden und in der Pfanne mit dem Lauch anbraten. Gorgonzola in Stücke brechen und zum Kürbis geben. Das Kürbisgemüse mit etwas Kümmel und fein geriebenem Ingwer würzen. Mit Wasser aufgießen und bei geringer Hitze ziehen lassen.

Die Nudeln in reichlich Salzwasser kochen, abseihen und mit dem Kürbisgemüse anrichten.

 4 Personen

Wissenswertes:

Der Brauch, Kürbisse zum Halloween-Fest aufzustellen, stammt aus Irland. Dort lebte einer Sage nach der Böse Hufschmid Jack Oldfield. Zu Allerheiligen saß er allein im Wirthaus, als plötzlich der Teufel auftauchte, um ihn zu holen. Durch eine List fing er den Teufel ein und wollte ihn nur freilassen, wenn er ihmfortan nicht mehr in die Quere kommen würde. Nach seinem Tod kam Jack Oldfield aufgrund seiner Taten nicht in den Himmel, aber auch in die Hölle durfte er natürlich nicht, weil er ja den Teufel betrogen hatte. Der Weg zurück war weit und dunkel, darum schenkte ihm der Teufel ein Stück glühende Kohle aus dem Höllenfeuer. Jack steckte die Kohle in eine ausgehöhlte Rübe und seitdem wandert seine Seele mit dieser Laterne durch die Nacht vor Allerheiligen.
Da in den USA Kürbisse in großen Mengen zur Verfügung standen, höhlte man statt der Rübe einen Kürbis aus. Dieser Kürbis ist seither als Jack O'Lantern bekannt. Um böse Geister abzuschrecken, schnitt man Fratzen in Kürbisse und stellte sie vor die Haustüre.

Kürbislaibchen mit Polenta & Paprika

350 g Kürbis

80 g Polenta

30 g Sojamehl oder Stärkemehl

50 g Kürbiskerne

2 EL Crème Fraîche oder Kokosmilch

1 EL Paprikapulver edelsüß

1/2 TL Kümmel

1 TL Salz oder Bergkernsalz

1 Messerspitze Chilipulver

Muskatnuss

Butterschmalz oder Öl

Kürbis schälen und grob reiben. Polenta untermengen und mit Salz, Kümmel, Chili, Muskatnuss und Paprika würzen. Mit Crème Fraîche und Sojamehl zu einer teigigen Masse mischen. Kürbiskerne grob hacken. Aus der Kürbismasse Laibchen formen und in den Kürbiskernen wenden.
In einer Pfanne Butterschmalz erhitzen und die Laibchen bei mittlerer Hitze auf beiden Seiten anbraten.

Die Laibchen sind saftig und grüner Salat mit Kürbiskernöl passt wunderbar dazu.

VEGAN

4 Personen

Wissenswertes:

Columbus brachte uns den Paprika, auch spanischer Pfeffer genannt. Paprika soll die Verdauung fördern und Edelsüsspaprika soll bei Prostataleiden die Entleerung der Blase erleichtern.

In Oberösterreich heißt das Beuschel „Lingerl". Ein Beuschel ist ein Innereienragout aus Lunge und Herz vom Kalb. Ein „Beuschelreißer" ist eine starke Zigarette. Mit einem „Beuscheltelefon" ist ein Stethoskop gemeint.
In meiner Kindheit holten sich viele Familien an einem bestimmten Tag in der Woche beim Metzger mit der „Mülibitschen" ein Beuschl

„Falsches Beuschl"

1/2 Melanzani
1/4 kg Champignons
eventuell etwas Seitanstreifen
30 g Petersilienwurzel
1/8 Knollensellerie
1 Karotte
1 Zwiebel
1 Knoblauchzehe
3 Essiggurkerl
3 EL roter Balsamicoessig
4 Wacholderbeeren
1 EL Kapern
1 EL Mehl zum Binden
1 EL Estragon Senf
1 EL Zitronensaft
Zitronenschale
1 TL Lakritzsalz
1 TL Rauchsalz
1 TL pflanzliches Schmalz oder
Kokosfett
1 Gewürznelke
1 Lorbeerblatt
1/2 TL Majoran
1/2 TL Peppersoße oder 8 gestoßene
schwarze Pfefferkörner
1 Zweig Thymian
3/4 l Wasser
3-4 EL Obers oder Sojacreme

Melanzani in nudelige Streifen schneiden. Pilze putzen und in Stücke schneiden. Ein Stück Seitan in Streifen schneiden und alles gemeinsam in einer Pfanne anbraten und beiseite stellen. Zwiebel schälen, kleinschneiden und in einem Topf in Kokosfett anbraten. Sellerie und Petersilienwurzel schälen und kleinwürfelig schneiden. Karotten putzen, kleinschneiden und mit der Zwiebel anbraten. Mit Wasser aufgießen und die Gewürze, gestoßene Wacholderbeeren, gehackte Essiggurkerl, Kapern und geschälte Knoblauchzehe zugeben. Mit einem Pürierstab pürieren. Etwas Suppe mit Mehl glattrühren und in die Suppe einrühren. Zum Schluß das angebratene Gemüse beimengen und abschmecken. Mit Obers verfeinern.

Als Beilage passen Semmelknödel (Rezept Seite 138).

VEGAN

4 Personen

Der Geschmack von Spitzkohl ist dezenter und feiner als der von Weißkohl.

Spitzkohl gefüllt

1 Spitzkohl

60 g Couscous

20 g Rosinen

1 Apfel

3 EL Sauerrahm oder Kokosmilch

5 gestoßene Wacholderbeeren

1 EL Paprika edelsüß

1 TL Hefepaste

1 TL Lakritzsalz

1 TL Kümmel

1/2 TL Harissa (würzig scharfe Chilipaste)

Sud:

1/2 l Weißwein oder Gemüsebrühe

1 TL Hefepaste

1 TL Stärkemehl

etwas Salz

Den Strunk des Spitzkohles tief herausschneiden. Anschließend mit einem Löffel den Kohl großflächig aushöhlen. Couscous mit im Mörser gestoßenen Wacholderbeeren, Kümmel, Harissa, Hefepaste, Paprika und Salz würzen. Den Apfel schälen, reiben und mit Rosinen und Sauerrahm in die Fülle mischen. Die Masse in den ausgehöhlten Spitzkohl füllen. Den Kohl entweder in einen Römertopf oder in einen Topf mit Deckel legen. Mit Wein oder Gemüsebrühe begießen und im geschlossenen Topf ca. 1 Stunde garen. Der Couscous nimmt die Kohlflüssigkeit auf und wird so gar.

Den Kohl vierteln und anrichten. Der Sud wird mit Stärkemehl etwas gebunden und mit Hefepaste und eventuell etwas Salz abgeschmeckt.

VEGAN

4 Personen

Wissenswertes:

Couscous, Cous Cous oder Kuskus ist bei den Arabern Nordafrikas ein Grundnahrungsmittel. Er wird aus befeuchtetem und zu Kügelchen zerriebenem Hartweizengrieß, Gerste oder Hirse hergestellt.
Couscous wird zum Garen nicht gekocht, sondern gedämpft und ist daher eine ideale schnell zubereitete Beilage.

Kräutergröstel

4 Semmeln vom Vortag
1 Zwiebel
Kräuter der Saison
125 g Mozzarella
1-2 Knoblauchzehen
1/2 TL Kümmel
1 Prise Muskatnuss
Pfeffer
Rote-Rüben-Salz

Zwiebel schälen, kleinschneiden und in Butterschmalz anbraten. Knödel in grobe Stücke schneiden und mit der Zwiebel anbraten. Kräuter mit Knoblauch und Mozzarella im Mixer zerkleinern und wenn die Knödel braun sind, untermischen und kurz anbraten.

 4 Personen

Wissenswertes:

Büffelmozzarella ist ein traditionell aus Büffelmilch hergestelltes Käseprodukt und stammt ursprünglich aus Kampanien. Der Name Mozzarella leitet sich vom italienischen „mozzau" ab, das bedeutet „abschneiden".

Pilzlasagne mit Kapern

Lasagneblätter
1 Zwiebel
500 g Pilze bzw. Champignons
250 ml Milch
80 g Mehl
80 g geriebener Parmesan
40 g Kapernbeeren
30 g Semmelbrösel
1 TL Bergkernsalz
1 TL Rauchsalz
2 TL Butter
ca. 80 g Mozzarella
langer Pfeffer
Muskatnuss

Zwiebel schälen und fein würfelig schneiden. In einer Pfanne Butter erhitzen und die Zwiebel darin goldbraun anrösten. Pilze waschen, putzen, blättrig schneiden und mit der Zwiebel anrösten. Kapernbeeren grob hacken und zu den Pilzen geben. Mit Muskatnuss, Pfeffer und Rauchsalz würzen. Semmelbrösel untermischen.

Für die Bèchamelsoße Butter in einem Topf schmelzen und Mehl darin anrösten. Den Topf von der Herdplatte nehmen und etwas Milch zugießen. Mit einem Schneebesen glatt rühren und wieder Milch zugießen, auf der Herdplatte erwärmen und stetig glattrühren, bis eine klümpchenfreie Creme entstanden ist. Mit Muskatnuss, Bergkernsalz und Pfeffer würzen. Geriebenen Parmesan unterrühren.

Eine Auflaufform einfetten und mit Nudelblättern belegen. Darauf eine Schicht Pilze verteilen und mit Bèchamelsoße bestreichen. Wieder eine Schicht Lasagneblätter auflegen und mit Pilzen bedecken. So fortfahren, bis alle Zutaten verbraucht sind. Die letzte Schicht Nudelblätter mit etwas Bèchamelsoße bestreichen und mit in Scheiben geschnittenen Mozzarellakäse belegen.

Im vorgeheizten Backrohr bei ca. 160 °C 40 Minuten goldbraun backen.

 4 Personen

Tipp:

Gurkensalat mit schwarzem Salz passt herrlich zu Pilzen. (Rezept Seite 140)

Wissenswertes:

Der Kapernstrauch ist in Südeuropa und praktisch im ganzen Mittelmeergebiet heimisch. Kapern werden seit der Antike als pikante Kochzutat verwendet, gelten aber auch als Heilmittel und Aphrodisiakum.

Ein ärmlich-bäuerliches Gericht aus dem Salzkammergut, wo sich Holzfäller und Waldarbeiter als Nockenprofis etabliert haben. Traditionelle Holzknechtnocken bestehen nur aus Teig, ohne Fülle.

Holzknechtnocken mit Walnüssen

300 g glattes Mehl
ca. 300 ml Wasser
2 TL Backpulver
50 g Walnüsse
1 TL Kümmel
2 TL Bergkernsalz

Mehl mit Backpulver, Salz und Kümmel mischen, mit heißem Wasser übergießen, durchrühren und zu einem klebrigen, aber nicht glatten Teig verrühren. Zum „Binden" kurz rasten lassen. Walnüsse grob hacken. Mit einem Esslöffel Nocken vom Teig abstechen, Teig etwas auseinanderziehen, ca. 1 TL Walnüsse darauf legen und mit nassen Händen kleine Knödel formen.

Entweder man gibt die Knödel in kochendes Salzwasser, rührt vorsichtig um und lässt sie 10-15 Minuten köcheln bis sie oben schwimmen. In eine Pfanne mit Butter oder Öl die Knödel dicht aneinander schlichten und bei mittlerer Hitze auf beiden Seiten je 20 Minuten anbraten, bis diese schön braun sind. Die Knödel sollen aneinander haften und im Ganzen aus der Pfanne rutschen.

Oder man rollt die Knödel in einer gut eingefetteten Rein, schlichtet sie aneinander und brät diese bei mittlerer Hitze auf beiden Seiten an. Das Fett soll bei beiden Varianten bis zur Hälfte der Knödel reichen.

Als Beilage passt Sauerkraut mit Apfel (Rezept Seite 140) oder als Kompott Äpfel mit Zwiebeln anbraten. Auch Zwetschkenröster kann dazu gegessen werden.

VEGAN
4 Personen

Knödel mit Köpfchen

Teig:

200 g Erdäpfel mehlig

1 Eidotter

1 EL Grieß

1 EL Mehl

1 Prise Salz

Fülle:

8 Kohlsprossen

1/4 l Rotwein

1 TL Kümmel

1 TL Bergkernsalz

2 EL roter Balsamicoessig

Vollkornbrotbrösel

etwas Butterschmalz

Bratensoße:

4 EL Sojasoße

ca. 2 EL Wasser

2 Knoblauchzehen

1/2 TL Salz

1 TL Vollrohrzucker

1 TL Butter

Erdäpfel mit der Schale in Salzwasser weichkochen, abgießen und schälen. Die heißen Erdäpfel mit einer Gabel zerdrücken, Grieß und Mehl untermengen. Eidotter zugeben und mit Salz würzen. Den Teig zu einem flachen Striezel formen und kühl stellen. In der Zwischenzeit Rotwein und Balsamicoessig mit Kümmel, Salz und Vollrohrzucker zum Kochen bringen und die Kohlsprossen darin einkochen lassen, bis die Flüssigkeit verdampft ist.

Vom Erdäpfelteig Stücke abschneiden, flachdrücken und die Kohlsprossen darin eindrehen. Die Knödel gut verschließen und in Mehl wenden.

In einem Kochtopf Wasser zum Kochen bringen, salzen und die Knödel darin köcheln lassen. Wenn die Knödel obenauf schwimmen, sind sie fertig. In einer Pfanne Butterschmalz erhitzen und die Brösel darin anbräunen. Knödel in den Bröseln schwenken, bis sie rundherum mit Brösel bedeckt sind.

Für die Soße Zucker karamelisieren lassen, mit Sojasoße ablöschen, Wasser zugeben und salzen. Knoblauchzehen mit einem Messer andrücken und mit aufkochen lassen.

Zum Schluß Knoblauch herausnehmen und kalte Butter einrühren. Die Soße zu den Knödeln servieren.

 4 Personen

Wissenswertes:

Kohlsprossen, Sprossenkohl oder Rosenkohl, auch Brüssler Sprossen oder Kohl genannt, ist eine zweijährige Pflanze und treibt nach Überwinterung im Frühjahr zu Sprossen aus, die im Sommer Blüten tragen, wenn die Sprossen nicht geerntet werden. Beim Einkauf sollen die Kohlsprossen fest sein und hell- oder dunkelgrüne Blätter haben. Gelbliche Blätter sind ein Zeichen von Überlagerung.

Mangold Liebeslasagne

Lasagneblätter
2 Bund Mangold
300 g Rote Rüben
3 EL Satésoße scharf
(Soße besteht aus: Kokosmilch, Erd-
nüssen, Zucker, Sesam, Sojaöl, Chili,
Salz, Curry, Koriander, Sternanis,
Zimt, Gelbwurz, Nelken)
2 EL Erdnussbutter
2-3 EL Semmelbrösel
2 EL Nussöl
1/2 l Milch
50 g Mehl (2 gehäufte Esslöffel)
150 g geriebener würziger Hartkäse
1 TL Salz
geriebene Muskatnuss
Öl zum Auspinseln der Lasagneform

Mangoldblätter vom Strunk schneiden und die Stiele herausschneiden. Diese in etwas Salzwasser weichkochen,
abtropfen lassen und pürieren. Mit Salz und Muskatnuss
abschmecken. Mangoldblätter kurz in heißem Wasser
blanchieren und auf einem Küchenkrepppapier abtropfen
lassen.

Rote Rüben schälen und hacheln. Mehl in etwas Öl anbräunen, mit etwas Milch aufgießen und glattrühren. So
lange Milch zugießen und glattrühren, bis eine dicke cre-
mige Soße entstanden ist.

Mit Satésoße, Muskatnuss und Salz würzen. Die Lasagneform mit Öl auspinseln, mit Semmelbrösel ausstreuen und
eine dünne Schicht Soße aufstreichen. Lasagneblätter auflegen und mit pürierter Mangoldmasse bestreichen. Mit
großen Mangoldblättern belegen. Dünn Soße auf die Blätter streichen und Lasagneblätter auflegen. Rote Rüben aufstreuen, Soße aufstreichen und mit Lasagneblättern bedecken. Solange fortfahren, bis alle Zutaten verbraucht sind.
Mit Käse bestreuen und im vorgeheizten Backrohr bei
200 °C 45 Minuten backen.

 4 Personen

Wissenswertes:

*Der Mangold mit seinen langstieligen, bis zu 30 cm langen Blättern ist ein spinatartiges Gemüse. Es gibt
Sorten mit unterschiedlicher Blattstielfarbe wie gelb, weiß und rot, die speziell den Rehen aus unserem
nahegelegenen Wald schmecken. Es werden sowohl Blätter als auch die Stiele verwendet, sofern unsere
„Hausrehe" noch etwas davon übriglassen!*

Beilagen
Extras

Beilagen geben Speisen *einen bestimmten Charakter, ob es ein Sommer oder Wintergericht ist. Es gibt Sättigungsbeilagen wie Nudeln oder Spätzle bzw. Schupfnudeln.*

Erdäpfel sind wahre Verwandlungskünstler und jeder liebt diese Beilage, auch als Kroketten oder Pommes frites. Österreicher mögen Semmelknödel als Beilage oder Erdäpfelknödel, süße und saure Topfenknödel sowie Grießknödel uvm. Regionalbezogen werden als Zuspeise auch Nocken, Bohnen, Sterz oder Reis verwendet.

Geschichte meiner Rotweinerdäpfel: Ein nicht unserem Geschmack entsprechender Rotwein stand noch vom Vortag in meiner Küche. Ich wollte diesen Wein schon wegleeren und goss ihn spontan zu den Erdäpfeln – kann ja nichts passieren! Ein paar Gewürze dazu und schon wartete ich gespannt, ob die Erdäpfel nur außen rot werden und innen hell bleiben? Wunderbar war dann nicht nur die Optik, auch der Geschmack übertraf alle Erwartungen!

Rotweinerdäpfel

1/2 kg Erdäpfel
1/4 l Rotwein
1/4 l Wasser
1 TL Kümmel
1/2 TL Kreuzkümmel
1 TL Salz

Wasser mit Rotwein zum Kochen bringen. Mit Salz, Kümmel und Kreuzkümmel würzen.
Erdäpfel schälen und im Rotweinsud weichkochen.

VEGAN

4 Personen

Tipp:
Als Erdäpfelsalat mit roten Zwiebeln, mildem Essig, Walnussöl und eventuell mit ein Paar Walnüssen schmecken diese Erdäpfel auch sehr edel.

Vor einigen Jahren veranstaltete ich ein Kochseminar mit ausländischen Teilnehmern. Ein nettes israelisches Ehepaar versuchte sich an den Semmelknödeln. Beide drückten die Brotmasse so fest, das diese zwischen den Fingern herausquoll. Trotz mehrmaligem Hinweis darauf, nicht so fest zuzudrücken, ließen sie nicht ab und wir mussten diese „Dumplings" essen!

Semmelknödel

200 g Knödelbrot (3 alte, zu Würfeln geschnittene Brötchen)
ca.100 g warme Milch oder Gemüsebrühe
30 g griffiges Mehl
1 Ei
1 TL Bergkernsalz
Petersilie
Muskatnuss
Pfeffer
eventuell Petersilie

Warme Milch mit Ei verquirlen und über das Knödelbrot gießen. Etwas stehen lassen, bis die Semmelwürfel weich sind. Petersilie fein hacken, mit dem Mehl locker und vorsichtig unter die Brotmasse mengen und festigen, nicht abtreiben!
Mit Muskatnuss, Pfeffer und Salz würzen. Die Hände anfeuchten und mit beiden Händen Knödel drehen. In Mehl wälzen, die Knödel anfeuchten und rund formen.
Im siedenen Salzwasser ca. 10-15 Minuten ziehen lassen.

 4 Personen

Wissenswertes:

Knödel muss man ganz sanft mit der Gabel zerteilen können, auf keinen Fall mit dem Messer. Das wäre für Koch und Köchin beleidigend, weil es bedeuten würde, dass der Knödel zu hart ist. Meine Mutter als langjährige Knödelköchin weiß wie man richtig Knödel dreht. (siehe Foto rechte Seite)

Sauerkraut mit Apfel

1/2 kg Sauerkraut
1 mittelgroßer Apfel
1 Lorbeerblatt
5 Wacholderbeeren
3-4 Gewürznelken
1/8 l Weißwein
1/4 l Wasser
1 TL Gemüsebrühe

Wasser mit Wein erhitzen und das Sauerkraut zugeben. Den Apfel schälen, das Kerngehäuse herausschneiden und grob hacheln. Mit Lorbeerblatt, Wacholderbeeren und Gewürznelken würzen und weich kochen. Vor dem Servieren das Lorbeerblatt sowie die Gewürze entfernen.

4 Personen

Wissenswertes:

Wacholder, auch Machandel genannt, wirkt stark harntreibend. Schon Pfarrer Kneipp empfahl eine Wacholderbeerenkur zur Entschlackung.

Gurkensalat mit schwarzem Salz und Bärlauchblütenöl

1 Bio-Salatgurke
1/2 TL schwarzes Salz
weißer Balsamicoessig
Bärlauchblütenöl
1 Messerspitze Estragonsenf
eventuell eine Prise Paprika

In der Salatschüssel Balsamicoessig, Senf und Öl mit einer Gabel vermischen. Salatgurke mit Schale in die Salatschüssel hacheln und salzen. Alles gut durchmischen und abschmecken.

Tipp:

Papa's Gurkensalatrezept: 1 Gurke, Hesperidenessig, Sonnenblumenkernöl, Wasser, Salz und edelsüßen Paprika zum Bestreuen.

4 Personen

Wissenswertes:

Schwarzes Salz, Schwarzsalz oder indisches Salz, Kala Namik, ist ein Steinsalzmineral, das wie hartgekochte Eier riecht und schmeckt.

Warmer Krautsalat

1/4 Weißkraut

Weißwein

2 EL Vollrohrzucker

2 EL Apfelessig

1 TL Salz oder Bergkernsalz

1 TL Kümmel ganz

4 Personen

Das Kraut entweder hobeln oder mit einem großen Messer ganz fein schneiden.

Vollrohrzucker in einem Topf hell anbräunen und das fein-geschnittene Kraut und den Kümmel zugeben. Gut durch-mischen. Mit Essig und etwas Wein aufgießen, einen De-ckel auf den Topf geben und bei geringer Hitze dünsten lassen, bis das Kraut nach ca. 20 Minuten weich ist. Noch-mals probieren und gegebenenfalls nachwürzen.

Wissenswertes:

Kümmel soll ein Dämonen abwehrendes Mittel gewesen sein. Hexen riefen aus: „Kümmelbrot – unser Tod!"

Erdäpfelsalat mit Essiggurkerln

750 g Kipferlerdäpfel oder festko-chende Erdäpfel

6 eher feste Essiggurkerl

2 Zwiebeln

1 TL Gemüsebrühwürze

1 Messerspitze Estragonsenf

1/16 l Apfelessig

2-3 EL Sonnenblumenöl

2 EL Mayonnaise (oder mehr)

Salz und Pfeffer oder Pfeffersalz

Brühwürfel in etwas heißem Wasser aufkochen und etwas abkühlen lassen. In einem Topf Wasser mit 1 TL Salz auf-kochen lassen. Erdäpfel in Salzwasser kochen, schälen und dünnblättrig in eine Schüssel schneiden. Mit etwas Gemü-sebrühe und Essig benetzen. Öl mit Mayonnaise glatt rüh-ren und zu den Erdäpfeln geben. Zwiebel fein schneiden und unter die Erdäpfel mengen. Mit Salz und Pfeffer oder Pfeffersalz würzen.

Tipp:

Warm angemacht wird der Salat sämiger.

4 Personen

Als ich ein kleines Mädchen war, liebte ich es am späten Nachmittag mit unserem Nachbarn zu jausnen. Er schnitt kleine Stücke vom Brot ab und legte immer ein Stück Zwiebel auf die Schnitte. Ich sagte dabei immer "tuat Mundi brenna" und aß brav weiter, sehr zu seinem Amüsement.
Er hat damit meine Liebe zu Zwiebeln entfacht.

Zwiebelmarmelade

für 4 kleine Gläser:

600 g weiße Zwiebeln

200 g Gelierzucker 1:3

1/8 l Weißwein

2 Stück Langer Pfeffer

1 Zimtstange

1 kleines Zweigerl Thymian

1 Prise Muskatnuss

Zwiebeln kleinschneiden und in einem großen Topf ohne Fett glasig anrösten. Dabei öfters umrühren. Gelierzucker, Langen Pfeffer, Zimtrinde und Thymianzweigerl zugeben, durchrühren und mit Weißwein aufgießen. Mit Muskatnuss abschmecken und bei geringer Hitze einkochen lassen.

Die Marmelade in Gläser abfüllen, ein paar Tropfen Alkohol auf die Marmelade, anzünden und sofort den Schraubverschlußdeckel fest aufschrauben. Die Gläser kurz auf den Kopf stellen.

Zwiebelmarmelade schmeckt zu würzigem Käse wie auch zu Kuchen.

VEGAN

Wissenswertes:

Zwiebeln zählten im Mittelalter zu den Leckerbissen der Feinschmecker.

Zwetschkenmarmelade mit Langem Pfeffer

1 kg Zwetschken, am besten überreife, bei denen die Haut am Stielansatz leicht runzelig ist. Diese haben den höchsten Fruchtzuckergehalt.
300 g Gelierzucker 1:3
1-2 Stangen Zimtrinde
2 Stück Langen Pfeffer
etwas Alkohol zum Sterilisieren

VEGAN

Die Zwetschken entkernen und kalt mit dem Gelierzucker mischen. Nun die Zwetschken zum Kochen bringen, Zimtrinde und Langen Pfeffer dazugeben, zurückschalten und bei mittlerer Hitze 1 Stunde einkochen lassen. Dabei immer wieder umrühren. Zimtrinde und Langen Pfeffer herausnehmen
In vorbereitete Gläser abfüllen. Vor dem Verschließen auf jede Zwetschkenmasse etwas Alkohol träufeln, anzünden und sofort mit dem Schraubverschluss verschließen. Sofort die Gläser kopfüber aufstellen. Nachdem sie etwas abgekühlt sind, die Marmeladengläser wieder umdrehen und beschriften.

Tipp:

Einen Marmeladetrichter zu kaufen empfehle ich allen, die gerne Marmelade einkochen. Dieser Trichter eignet sich für vieles mehr.
Ich nehme für den Alkohol eine Pipette zum Dosieren.

Wissenswertes:

Hauszwetschken sind keine Pflaumen, sie haben ein gelbes festes Fruchtfleisch, ein wunderbares Aroma und der Kern löst sich ganz einfach von der Frucht.

Pflanzen-Cola *(Melissensaft)*

10 l Wasser (1 Kübel)
5 Päckchen Einsiedehilfe
5 kg Rohrzucker
80 g Zitronensäure
ca. 1/2 kg Melissenblätter

VEGAN

Einsiedehilfe, Zitronensäure und Rohrzucker mit 1/3 des Wassers in einen Topf geben und schmelzen lassen, danach in einen Kübel gießen.

Melissenstauden in Stücke schneiden und in den Kübel geben. Mit restlichem Wasser aufgießen und mit einem Deckel zudecken. Für 2 Tage an einen schattigen Ort stellen. Anschließend die Melissenstücke herausnehmen und ausdrücken. Den Sirup abgießen und in vorbereitete Flaschen füllen.

Tipp:

Der Rohrzucker gibt dem bernsteinfarbenen Sirup einen feinen karamelligen Geschmack.
Pflanzen-Cola mit etwas Weißwein und Mineralwasser aufgegossen ergibt ein erfrischendes Getränk.

Wissenswertes:

Zitronenmelisse verwildert leicht und durch ihren reichen Gehalt an ätherischen Ölen duftet Melisse sehr intensiv. Ihr Name Melissa heißt auf Griechisch Biene, da sie im Alterum als Bienenweide diente.

Mispel- Karamelcreme, mein Pflanzen-Nutella!

Mispel-Karamelcreme

für 7 Gläser:
2 kg Mispeln
2 L Wasser
3 Zimtstangen
1 TL Nelken
1 TL Piment
1 TL Sternanis

für Karamell:
700 ml Kaffeemilch (Maresi)
200 g Zucker

VEGAN

Die Gewürze in ein Teeei oder einen Teebeutel geben und mit den Mispeln in Wasser weichdünsten.

Nachdem die Mispeln voller Kerne sind, nehme ich die ganze Frucht und zerkleinere sie samt Kernen und Schale im Mixer zu einem feinen Mus.

Für das Karamell Milch und Zucker aufkochen lassen. Unter Umrühren eindicken lassen. Das Karamell unter das Mispelmus rühren und in Gläser füllen. An einem kühlen Ort aufbewahren.

Tipp:
Mispeln nach dem ersten Frost sammeln und einkochen.

Almkaffee

1/2 l Wasser
1/4 l Schlagobers
1/4 l Eierlikör
3 EL Instantkaffee oder starken Bohnenkaffee
80 g oder 6 EL Staubzucker
ev. 2 EL Rum

Mit 1/2 l Wasser einen starken Bohnenkaffee machen oder in einem kleinen Topf Wasser aufkochen und Instantkaffee einrühren. Schlagobers, Staubzucker und Eierlikör zugeben, kurz aufkochen lassen und in Kaffeehäferl füllen.

Almkaffee schmeckt besonders gut mit einer Schlagobershaube.

 4 Personen

Süßspeisen

Mit dem Schenken und Auftischen von Süßspeisen zu besonderen Anlässen hoffte man, einen versüßenden, glückbringenden Einfluss auf die bevorstehende Lebensphase ausüben zu können. Vor nicht allzu langer Zeit waren Süßspeisen eine besondere Zukost an Sonn- und Feiertagen.

Mamas Maitaschen

Wenn ich meine Mutter besuche, gibt sie mir gerne frische Maitaschen mit nachhause, die schmecken noch am nächsten Tag herrlich! Falls noch welche übrig sind …

Mamas Maitaschen
(falscher Blätterteig)

1/2 kg glattes Mehl
1/4 kg Butter oder Margarine
1 Päckchen Germ (auch Trockengerm)
1 EL Zucker
10 EL lauwarme Milch oder Sojamilch
1 Prise Salz oder Vanillesalz

Fülle:
1 kg Äpfel
Zimt
Zucker
Rosinen

Frischen Germ in warmer Milch auflösen, Zucker unterrühren und kurz warten, bis der Germ aufgeht.

Mehl mit Salz und Butter mit den Fingern abbröseln und Germmilch zugießen. Die Zutaten zu einen glatten Teig kneten und 1 Stunde im Kühlschrank zugedeckt rasten lassen. Anschließend ca. 5 mm dick auswellen.

Äpfel schälen, blättrig schneiden und auf dem Teig verteilen. Mit Rosinen, Zimt und Zucker bestreuen. An den Enden einschlagen und einrollen.

Mit einer Gabel mehrmals einstechen, mit etwas Wasser bestreichen und im vorgeheizten Backrohr hellbraun backen.

VEGAN

4 Personen

Kardamom gehört zu den teuersten Gewürzen der Welt. Er verfeinert und macht Kaffee bekömmlicher. Als Hauptlieferant von Nelken hat Sansibar zwei gekreuzte Nelken im Wappen.

Kastanienmehlkuchen mit Kürbis & Kardamom & Haselnusskrokant

250 g Kürbis grob geraffelt

4 Eier

200 g Vollkornmehl

100 g Kastanienmehl

80 g Rosinen

200 g Vollrohrzucker

1 Päckchen Vanillezucker

1 Päckchen Backpulver

1 Messerspitze Nelkenpulver

1 Prise Kardamom

4 EL Orangenmarmelade

1 EL Gin

1 Prise Salz oder Valillesalz

Glasur:

100 g Schokolade (auch weiße Schokolade schmeckt sehr fein)

1 EL Kokosfett

1-2 EL Haselnusskrokant

Die Dotter vom Eiklar trennen. Das Eiklar mit der Hälfte des Vollrohrzuckers steif schlagen. Den Eidotter mit Salz und dem Rest des Vollrohrzuckers cremig rühren.
Vanillezucker, Nelkenpulver und Kardamom (Vorsicht, Kardamom ist sehr intensiv!) der Eimasse beigeben.
Das Mehl, Kastanienmehl und Backpulver sieben und abwechselnd mit dem Eischnee unter die Eimasse mischen. Kürbis und Rosinen untermischen und den Teig in eine gefettete, gebröselte Kastenform streichen. Im vorgeheizten Backrohr bei 180 °C ca. 45 Minuten backen.
Die Orangenmarmelade mit Gin verrühren und auf den noch warmen Kuchen streichen.
Die Schokolade mit Kokosfett erwärmen, glatt rühren und den Kuchen mit Schokolade überziehen, Haselnusskrokant aufstreuen und auskühlen lassen.

Auch ohne Fett schmeckt dieser Kuchen würzig, saftig, einfach zum verschmausen!

4 Personen

Haselnusskrokant

50 g Haselnüsse

20 g Zucker

10 g Butter oder Öl

Haselnüsse mit einem großen Messer hacken. Butter in einer Pfanne erhitzen, Zucker zugeben, etwas karamelisieren lassen, Nüsse untermengen und unter ständigem Rühren hellbraun rösten. Nüsse auf einem vorbereiteten Stück Alufolie verteilen und abkühlen lassen. Anschließend zerbröseln. Schmeckt sündhaft gut.

Kastanienmehlkuchen
mit Kürbis & Kardamom
& Haselnusskrokant

Ich liebe diesen Strudel von meiner Mutter, bei dem der teig durch die Milch so weich und saftig wird.

Apfelmillistrudel

Teig:

200 g glattes Mehl

1/16 l lauwarmes Wasser

1 EL Öl

Fülle:

1,5 kg Äpfel (säuerliche feste Äpfel, keine überreifen Äpfel verwenden)

80 g Semmelbrösel

80 g Vollrohrzucker

60 g Rosinen

40 g Butter

Zimt gemahlen

1 Prise Kardamom

1 Prise Nelkenpulver

1/4 l Milch

1 Bourbonvanille oder Vanillezucker

1 EL Vollrohrzucker

 4 Personen

Für den Teig alle Zutaten auf einem unbemehlten Brett mischen. Wenn der Teig glatt geworden ist und sich von den Fingern löst, auf einen bemehlten Teller geben und die Oberfläche mit Öl bestreichen. Der Teig muss ca. 30 Minuten rasten. Zum Ausziehen des Teiges eignet sich jedes dünne Tuch oder eine Tischdecke. Das Tuch bemehlen und den Teig darauf auswellen. Mit beiden Händen nach allen Seiten so dünn wie möglich ausziehen. Immer von der Teigmitte aus sehr vorsichtig in Richtung Tischkante ziehen, damit keine Löcher entstehen.

Für die Fülle die Äpfel schälen, entkernen und blättrig schneiden. Zucker mit Zimt, Kardamom und Nelkenpulver mischen.

Butter schmelzen und den Teig bestreichen. Äpfel auf dem Teig verteilen. Mit der Zuckermischung bestreuen. Semmelbrösel und Rosinen darüberstreuen. Wer will, kann die dicken Ränder wegschneiden. Nun den Strudel mit Hilfe des Tuches aufrollen. Das Tuch leicht hochheben, den Strudel aufrollen und mit der Teignaht nach unten hufeisenförmig in eine gefettete Reindlform legen. Mit zerlassener Butter bestreichen.

Im vorgeheizten Backrohr bei 160 °C ca. 40 Minuten backen. Milch mit Vanillemark und Vollrohrzucker verrühren. Nach 10 Minuten Backzeit Milch zugießen. Während des Backens den Strudel immer wieder mit Milch begießen.

Wissenswertes:

In einem handgeschriebenen anonymen "KochPuech" (heute in der Wiener Stadtbibliothek) gibt es bereits einen „Mülch Raimb Strudl zu machen": „Mach einenn gueten marben Taig gleichwie man ihm zum marben Pastetten Taig macht, aber nicht zu fest, und dann walg ihn zu einem Bladl auss gantz din alss wie ein Pappier. Hernach rühr den Taig mit millich rumb und streu auch ein wenig brössl dran, würgg alssdan überienander, hernach schmierb ein Schüssel mit Butter rin aber nit zu wenig, richt den Strudel zu einem Hörndl in einer Schüssel und schön rindt, güass alssdan eine süsse Millich drauf, auch nit zuwenig Butter, setz auf ein glueth und obenauf auch glueth, bachs also rechts schön aus, es geht gar schön auf, und gübs."

Äpfel im Puddingbett

Lasagneblätter

800 g Äpfel

80 g Rosinen

40 g Semmelbrösel

30 g Kokosraspel

30 g geriebene Mandeln

3/4 l Milch

1 Päckchen Vanillepuddingpulver

60 g Vollrohrzucker

2 EL Zimtpulver

1 Prise Salz oder Vanillesalz

60 g gehobelte Mandeln

2/3 der Milch in einem Topf erhitzen. Die restliche Milch mit dem Puddingpulver glatt rühren und in die siedenene Milch einrühren. Zucker zugeben, kurz aufkochen lassen und zur Seite stellen.

Äpfel schälen, entkernen und in dünne Scheiben schneiden.

Eine Auflaufform einfetten und mit Semmelbrösel bestreuen. Einen Teil der Äpfel darauf verteilen. Zimtpulver, Semmelbrösel, geriebene Mandeln, Kokosraspel sowie einige Rosinen überstreuen. Ein paar Esslöffel Pudding auf den Äpfeln verteilen und mit Teigplatten bedecken. Wieder Äpfelspalten aufstreuen, mit Zimt, Rosinen, Mandeln, Kokosraspel und Brösel bestreuen und etwas Pudding darauf verteilen. Soviele Lagen auflegen, bis alle Zutaten verbraucht sind.

Als Abschluss die Teigblätter mit Pudding bestreichen und Mandelblätter darauf streuen.

Im vorgeheiztem Backrohr bei 180 °C ca. 45 Minuten backen. Die erste halbe Stunde mit Alufolie abdecken. Vor dem Anschneiden etwas ruhen lassen.

 4 Personen

Wissenswertes:

Äpfel sind die wertvollsten heimischen Früchte. In der Apfelschale befinden sich Öldrüsen, die den typischen Apfelduft ausströmen lassen.

Mamas Germteig für Weinberlkuchen & Gebackene Mäuse

1/2 kg glattes Mehl

200 g Rosinen

1/2 - 3/4 l lauwarme Milch

2 ganze Eier

1 Eidotter

1 gehäufter EL griffiges Mehl

1 gehäufter EL Zucker

1 EL Rum

1 EL Öl

1 TL Salz oder Vanillesalz

1 Päckchen Trockengerm oder 20 g frischer Germ (Hefe)

1 Päckchen Vanillezucker

60 g Butter

Zitronenschale

bunte Streusel

In einem Weidling Mehl mit Salz und Trockengerm mischen. Butter in warmer Milch schmelzen, Eier und Dotter untersprudeln und über das Mehl gießen. Vanillezucker, Öl, Rum und Zitronenschale zugeben und gut durchrühren.

Nun wird die Masse mit einem großen Kochlöffel ca. 10 Minuten geschlagen, bis sie Blasen wirft. Bei Gebackenen Mäusen Teig dünner machen.

Bei Krapfen muss der Teig viel feiner sein, daher muss er ca. 15 Minuten geschlagen werden.

Anschließend den Teig an einem warmen Ort oder im Backrohr bei 50 °C zu doppelter Größe aufgehen lassen.

Für feinen Teig nochmals zusammenschlagen und wieder aufgehen lassen. Ein Reindl eher dick fetten und Germteig einstreichen. Im vorgeheizten Backrohr bei 200 °C hellgold backen.

Mit Butter bestreichen und eventuell bunte Streusel überstreuen.

4 Personen

Tipp:

Die besten Germkuchenrandkrusterl entstehen in richtig „antiken" Reindln von der Oma oder vom Flohmarkt, die so richtig benutzt wurden.

Wichtiger Tipp von meiner Mama: das eigene Reindl nicht mit Spülmittel abwaschen, sondern nur auswischen!

Dunkler Kirschenkuchen mit Cremè Fraîche & Amaretto

1/2 kg Kirschen

3 Eier

120 g Mehl

80 g Grieß

120 g Vollrohrzucker

150 g Crème Fraîche

1 Päckchen Backpulver

100 g geriebene Mandeln

1-2 EL Amaretto, Kirschlikeur oder

Nussschnaps zum Dekorieren

1 EL Kakao

100 g weiße Schokolade

Ganze Eier mit Vollrohrzucker, Crème Fraîche und Amaretto cremig rühren.

Mehl mit Backpulver und Kakao sieben und mit Grieß mischen.

Mehlmischung und Mandeln unter die Eimasse mengen. Den Teig in eine gefettete, gebröselte Tortenform streichen und die entkernten Kirschen leicht in den Teig drücken.

Im vorgeheizten Backrohr bei 180 °C ca. 40 Minuten backen. Nadelprobe machen!

Weiße Schokolade im Wasserbad schmelzen und über den Kuchen streichen. Etwas Kirschlikör auftropfen und verteilen.

 4 Personen

Linzer Gewürzschnitten mit Gin

220 g glattes Mehl

200 g Butter oder Margarine

100 g geriebene Mandeln

80 g Staubzucker

4 EL Gin

2 EL Waldhonig

4 Pimentsamen

1 TL Zimtpulver

1 Prise Nelkenpulver

1 Prise Kardamom

1 Prise Salz oder Vanillesalz

abgeriebene Zitronenschale einer

Bio-Zitrone

200 g Ribiselmarmelade

1 Tortenoblate, Strudelblatt geht

auch

Auf einem Teigbrett Mehl, Salz, Staubzucker, Mandeln, Zimtpulver, Nelkenpulver, gestoßenen Pimentsamen, Kardamompulver und Zitronenschale mischen. Zimmerwarme Butter oder Margarine mit einem Messer in das Mehl schneiden, Honig zugeben und mit den Händen schnell zu einen Mürbteig verarbeiten. Den glatten Teig zugedeckt ca. 1/2 Stunde im Kühlen rasten lassen.

Auf das Teigbrett Mehl streuen und 2/3 des Teiges eher dick auswellen und auf ein Backpapier legen. Ribiselmarmelade mit Gin glattrühren. Tortenoblate auf den Teig legen und mit reichlich Ribiselmarmelade bestreichen. Den restlichen Teig auswellen und zu dicken Streifen radeln oder schneiden. Gitterförmig auf die Marmelade auflegen und im vorgeheizten Backrohr bei 160 °C ca. 30 Minuten backen und anschließend den Kuchen mit Staubzucker besteuen.

4 Personen

Tipp:

Vorsicht! Mein Mürbteig ohne Ei muss vorsichtig behandelt werden, da er leicht bricht.

Falls keine Oblate vorhanden ist und der Kuchen am selben Tag gegessen wird, geht es auch ohne. Ansonsten wird der Kuchen etwas weich, was aber den Geschmack nicht stört.

Holler wächst bei uns überall wild und seine Beeren passen wunderbar zu Äpfel.

Apfel-Hollerstrudel mit Mandeln

Teig:
200 g glattes Mehl
1/16 l lauwarmes Wasser
1 EL Öl

Fülle:
1 kg Äpfel
80 g Semmelbrösel
80 g Vollrohrzucker
60 g Holler
50 g Mandelsplitter
1-2 TL Mandelöl
Zimt gemahlen
Bourbonvanille oder Vanillezucker
1 EL Vollrohrzucker
1 Prise Salz oder Vanillesalz

Für den Teig alle Zutaten auf einem unbemehlten Brett mischen. Wenn der Teig glatt geworden ist und sich von den Fingern löst, auf einen bemehlten Teller geben und die Oberfläche mit Öl bestreichen. Der Teig muss ca. 30 Minuten rasten. Zum Ausziehen des Teiges eignet sich jedes dünne Tuch oder eine Tischdecke. Das Tuch bemehlen und den Teig darauf auswellen. Mit beiden Händen nach allen Seiten so dünn wie möglich ausziehen. Immer von der Teigmitte aus sehr vorsichtig in Richtung Tischkante ziehen, damit keine Löcher entstehen.
Für die Fülle die Äpfel schälen, entkernen und blättrig schneiden. Zucker mit Zimt mischen.
Den Teig mit etwas Mandelöl bestreichen. Äpfel auf dem Teig verteilen. Mit Zuckermischung und einer Prise Salz bestreuen. Semmelbrösel, Mandelsplitter und Hollerbeeren darüberüberstreuen. Wer will, kann die dicken Ränder wegschneiden. Nun den Strudel mit Hilfe des Tuches aufrollen. Das Tuch leicht hochheben, den Strudel aufrollen und mit der Teignaht nach unten hufeisenförmig in eine gefettete Reindlform legen. Mit Mandelöl bestreichen.
Im vorgeheizten Backrohr bei 160 °C ca. 40 Minuten backen.
Mit Staubzucker bestreuen.

VEGAN

4 Personen

Mandelkirschkuchen

200 g geriebene Mandeln

3 Eier

90 g Butter

60 g Staubzucker

1 Prise Vanillesalz

90 g Blütenhonig

250 g Kirschen

50 g Mehl

Ganze Eier mit Staubzucker, Vanillesalz, zerlassener Butter und Honig cremig rühren. Die geriebenen Mandeln und Mehl unter die Eimasse ziehen.
Kirschen auf dem Teig verteilen und im vorgeheizten Backrohr bei 180 °C backen.

Ein ganz leichter, eher flacher Kuchen, der auf der Zunge zergeht!

Dieser Kuchen ist saftig und schmeckt auch noch nach Tagen hervorragend!

Grießkuchen mit Orangeat und Rosmarin

4 Eier

150 g Maisgrieß

150 g Vollrohrzucker

140 g Mehl

160 g Butter

200 ml Orangensaft

kandierte Orangenscheiben oder

1 Päckchen Orangeat

1 Päckchen Backpulver

Schalenabrieb einer Bio-Orange

2-3 EL Cointreau

1 Prise Rosmarinpulver

1-2 EL Olivenöl

Eiklar von Eidotter trennen. Eiklar mit etwas Zucker steif schlagen. Mehl mit Backpulver sieben und mit Grieß mischen.

Zimmerwarme Butter mit Vollrohrzucker und Dotter cremig rühren. Rosmarin und Orangenschale zugeben. Mehl abwechselnd mit Eischnee und Orangensaft unter den Teig rühren. Mit Cointreau abschmecken.

Eine Kuchenform mit Olivenöl einpinseln und die kandierten Orangenschalen auflegen oder Orangeat aufstreuen. Teig in die Form streichen und im vorgeheizten Backrohr bei ca. 170 °C backen. Vor dem Herausnehmen eine Nadelprobe machen. Den Kuchen auf ein vorbereitetes Kuchenteller stürzen und etwas abklühlen lassen.

 4 Personen

Tipp:

Beim Kandieren (auch Konfieren) wird der Zuckergehalt der Früchte auf 70% erhöht und der Wassergehalt reduziert.

Vielleicht hätten meine Knödel Mozart inspiriert!

Fruchtige Mozartknödel

für ca. 10 Knödel
1 kg Marillen (Aprikosen)

Teig:
250 g Topfen
4 EL pürierter Spinat
150 g glattes Mehl
1 EL Grieß
1 Prise Salz oder Bergkernsalz

Fülle:
1 EL Schokocreme oder zerlassene
Schokolade
1 EL Vollrohrzucker
15 g geriebene Mandeln
30 g Marzipan
1 EL geriebene Mandeln

Brösel zum Wälzen:
1 EL Butter
1 EL Vollrohrzucker
50 g geriebene Pistazien
50 g Semmelbrösel

Topfen mit Spinat, Salz, Mehl und Grieß zu einem Teig vermengen, zu einer dicken Rolle formen und kurz rasten lassen.

Marzipan mit geriebenen Mandeln und Schokocreme glatt rühren. Kleine Kugeln formen und in geriebenen Mandeln rollen. Im Kühlschrank kühl stellen.

Die Marillen entkernen, in den Kernraum die Schokokugeln einlegen und die Fruchthälften zusammendrücken.

Von der Teigrolle ca. 1 cm dicke Scheiben abschneiden und auf der mehligen flachen Hand tellerartig auseinander drücken.

Die Marille auf den Teig legen und den Teig um die Frucht schließen. Die Teigränder müssen gut zusammengedrückt sein, sonst geht der Knödel im siedenen Wasser auf!

In den leicht gewölbten bemehlten Händen den Knödel rund rollen und auf ein bemehltes Brett legen. Solange fortfahren, bis der Teig verbraucht ist.

Wasser mit etwas Salz zum Kochen bringen und die Knödel vorsichtig einlegen. Die Kochzeit beträgt ungefähr 10 Minuten. Die Knödel sind fertig, wenn sie obenauf schwimmen. Butter in einer Pfanne schmelzen. Vollrohrzucker, Semmelbrösel und geriebene Pistazien etwas anrösten. Die gegarten Knödel darin rollen.

 4 Personen

Nougatkuchen mit Cranberries

100 g Cranberries
4 Eier
250 g Mehl
130 g Vollrohrzucker
150 g Nougat
50 g gehobelte Mandeln
1-2 EL Tia Maria Likör
1 Päckchen Backpulver
etwas Zitronenschale
1 EL Öl
1 EL Mehl

Eidotter vom Eiklar trennen. Nougat im Wasserbad erwärmen und mit Eidotter sowie 2/3 des Vollrohrzucker und der Zitronenschale cremig rühren.
Eiklar mit dem Rest des Zuckers steif schlagen.
Das Mehl mit Backpulver sieben und abwechselnd mit dem Eischnee unter den Teig rühren.
Eine Kuchenform mit Öl ausschmieren, Mandeln aufstreuen und den Teig aufstreichen.
Cranberries in etwas Mehl rollen und auf dem Kuchen verteilen.
Im vorgeheizten Backrohr bei ca. 180 °C backen. Nadelprobe machen!
Mit Staubzucker bestreuen.

 4 Personen

Wissenswertes:

Auch bei uns wachsen Cranberries, liegt doch die natürliche Heimat der Kranbeere in Hochmooren im östlichen Nordamerika. Mehr und mehr werden Cranberries anstatt Rosinen als Backzutat verwendet.
Tia Maria ist ein Kaffeelikör, der nach 300 Jahre alter Tradition in Jamaika aus Rum, Blue Mountain Kaffee und Vanille hergestellt wird.

Zum Gedenken an meine Großmutter. Der einzige Kuchen, der von meiner Großmutter zubereitet wurde, waren Oblaten, dick mit Kakaocreme bestrichen.

Oblatentorte mit Lebkuchenmehl

1 Packung ungezuckerte Oblaten
100 g Kochschokolade gerieben
100 g Vollrohrzucker
300 g Butter oder Margarine
300 g Haselnüsse gerieben
100 g Lebkuchenmehl
2 EL Kakao
2 EL Zimt
3 EL Likör Tia Maria oder auch Rum
gehackte Haselnüsse oder Sojabohnen, die haben weniger Fettgehalt

Die zimmerwarme Butter in Stücke schneiden. Kochschokolade, Vollrohrzucker, Haselnüsse, Kakao, Zimt, Lebkuchenmehl und Likör mit der Margarine cremig rühren.

Die Creme auf die einzelnen Oblaten streichen und aufeinander legen. Die oberste Oblate dünn mit Creme bestreichen.

Den Tortenrand mit restlicher Creme bestreichen und in gehackten Haselnüssen drehen.

VEGAN

4 Personen

Tipp:
Den harten Lebkuchen zu Mehl reiben.

Wissenswertes:
Im Originalrezept meiner Oma werden nur Fett, Kakao und Zucker zu einer Creme verrührt und auf die Oblaten gestrichen.
Übrigens das Gemälde auf der linken Seite wurde von der Autorin gemalt.

Diesen Kuchen kreierte ich zum ersten Besuch meines neuen Verlegers. Die Zutaten des Kuchens passten so gut zu ihm, dass er sich dreimal Nachschlag genommen hat!

Verlagsgugelhupf mit kandierten Früchten

300 g Mehl

100 g Butter

200 g kandierte Früchte

5 Eier getrennt

130 g Vollrohrzucker

1/8 l Kokosmilch

30 g Kokosette

1 Packung Backpulver

2 EL Piña Colada

1 EL Anisschnaps (Pastis)

Zitronenschale einer Bio-Zitrone

1 Fingerstück Ingwer

1 Prise Salz oder Vanillesalz

100 g Staubzucker für die Glasur

Mehl mit Backpulver sieben. Eiklar vom Dotter trennen und das Eiklar mit einem Drittel des Zuckers steif schlagen. Zimmerwarme Butter in Stücke schneiden und mit Zucker und Dotter cremig rühren. Zitronenschale, Salz, Anisschnaps, geriebenen Ingwer und Piña Colada abwechselnd mit Mehl unterrühren. Kokosmilch, Kokosette und kandierte Früchte untermengen.

Eine Gugelhupfform einfetten und mit Brösel bestreuen, damit der Gugelhupf nicht kleben bleibt. Den Teig in die Form streichen und im vorgeheizten Backrohr bei 170 °C ca. 45 Minuten backen.

Staubzucker mit dem Saft der Zitrone glatt rühren und über den Kuchen streichen.

Der Kuchen schmeckt auch ohne Glasur.

 4 Personen

Wissenswertes:

Piña Colada besteht aus weißem karibischen Rum, Kokosnusscreme und Ananas.

Bei meinem ersten Besuch Portugals, gab mir eine Bäurin eine handvoll reifer Feigen. Sie waren köstlich und seitdem liebe ich reife Feigen auch zum Kochen.

Rhabarber-Käsekuchen mit Schwips

4 Eier

175 g Frischkäse (Philadelphiakäse)

150 g Rhabarber

200 g Feigenmarmelade

250 g Mehl

1 Backpulver

1 EL Zucker für den Rhabarber

1 Päckchen Vanillezucker

1 EL Feigenschnaps oder Gin

2 EL Feigenschnaps oder Gin zum Beträufeln

Rhabarber schälen und in grobe Stücke schneiden. Wasser mit 1 EL Zucker erhitzen und die Rhabarberstücke darin kurz andünsten. Wassersud abgießen und den Rhabarber abkühlen lassen.

Eidotter von Eiklar trennen. Eiklar zu steifem Schnee schlagen. Eidotter mit Käse, Feigenmarmelade, Feigenschnaps und Vanillezucker cremig rühren. Mehl mit Backpulver sieben und abwechselnd mit dem Eischnee unter den Teig mischen. Den Rhabarber unterziehen und den Teig in eine gefettete und bemehlte Kuchenform streichen.

Im vorgeheizten Backrohr bei 160 °C ca. 40 Minuten backen. Nicht auf die Nadelprobe vergessen!

Anschließend den Kuchen aus der Form stürzen und mit Schnaps beträufeln.

Mit Staubzucker bestauben.

 4 Personen

Tipp:

Am besten schmecken Kuchen lauwarm!

Wissenswertes:

Frischkäse muss mehr als 73% Wassergehalt aufweisen und ist daher nur kurz haltbar. Er wird aus pasteurisierter Milch hergestellt und muss kühl gelagert werden.

Marillenhonigkuchen mit Kürbiskernöl

ca. 1/2 kg Marillen

220 g Mehl

2 TL Backpulver

3 Eier

200 ml Blütenhonig

200 ml Kürbiskernöl

50 g fein geriebene Kürbiskerne

1 Prise Salz oder Vanillesalz

1 Messerspitze Zimt

1 Prise Kardamom

2 EL Marillenmarmelade zum Glasieren der Marillen

2 EL Zucker

Eigelb vom Eiklar trennen. Das Eiklar zu steifem Schnee schlagen. Eigelb mit Kürbiskernöl, den Kürbiskernen, Salz, Honig, Zimt und Kardamom cremig rühren.

Mehl mit Backpulver sieben und abwechselnd mit dem Eischnee unter den Teig rühren. Marillen halbieren, wer will, kann die Marillen auch vierteln, und den Kern entfernen.

Ein Backpapier auf ein Backblech legen und einen Backrahmen auf die gewünschte Größe ziehen. Den Teig in die Form streichen und mit Marillen belegen.

Im vorgeheizten Backrohr bei 160 °C hellbraun backen.

Zucker schmelzen und mit Marillenmarmelade verrühren. Den Marillenkuchen dünn mit Marmelade bestreichen.

 4 Personen

Die bekanntesten Orangenliköre sind Grand Marnier und Cointreau. Orangenlikör ist ungefärbt. Seinen feinherben Orangengeschmack bekommt er durch die Verwendung von Pomeranzenschalen, die vorher in Cognac, Weingeist oder Armagnac gelöst wurden.

Zucchinigrießkuchen mit Aranzini und Haselnüssen

4 Eier

200 g glattes Mehl

120 g Grieß

80 g gehackte geröstete Haselnüsse

80 g Aranzini oder Rosinen

170 g Vollrohrzucker

1/8 l Sonnenblumenöl

500 g geraspelte Zucchini

1 Päckchen Vanillezucker

1 Päckchen Backpulver

1 EL Orangenlikör

1 gehäufter TL Zimt

1 Prise Salz

Glasur:

ca. 100 g Orangenmarmelade

2 EL Orangenlikör (Cointreau)

2-3 Rippen Schokolade, mit Kokosfett erwärmt

Ganze Eier mit Vollrohrzucker, Vanillezucker, Salz und Sonnenblumenöl cremig rühren.

Mehl mit Backpulver und Zimt sieben. Haselnüsse grob hacken und mit etwas Sonnenblumenöl anrösteten. Grieß, Rosinen oder Aranzini, Haselnüsse und Mehl unter die Eimasse mengen.

Die Zucchini raspeln und, wenn gartenfrisch, in einem Geschirrtuch ausdrücken, da sie frisch zu saftig sind, und unter den Teig rühren.

Den Kuchenteig in eine gefettete, bebröselte Kuchenform streichen. Im vorgeheizten Backrohr bei 180 °C ca. 45 Minuten backen. Nadelprobe machen!

Orangenmarmelade mit Cointreau glatt rühren, auf den warmen Kuchen streichen und auskühlen lassen. Für die Glasur Kokosfett zerlassen und die Schokolade im Fett erwärmen. Großzügig auf den Kuchen klecksen.

 4 Personen

Tipp:

Den ausgepressten, gartenfrischen Zucchinisaft sofort selbst trinken. Ich gebe den Saft meinem Hund Bärli manchmal als Vitaminschub.

Selbstgemachte Marmelade kommt in diesem Kuchen besonders zur Wirkung.

Marmelade-Mürbteigkuchen

400 g glattes Mehl

280 g Butter oder Margarine

50 g Sojamehl

100 g Vollrohrzucker

1 Vanilleschote oder Vanillezucker

1 Prise Salz oder Vanillesalz

3-4 EL kaltes Wasser

Fülle:

80 g Kokosraspel

250 ml Orangenmarmelade oder

Marillenmarmelade

eventuell etwas Gin

Belag:

50 g Mandeln gehobelt

Mehl mit Sojamehl sieben. Kalte Butter oder Margarine in das Mehl schneiden. Vollrohrzucker, Salz und Vanilleschotenmark beifügen und den Teig mit den Fingern abbröseln. Kaltes Wasser untermengen und rasch zu einem Teig verarbeiten.

Den Teig in Folie wickeln und für ca. 30 Minuten in den Kühlschrank stellen.

Den Teig in zwei Teile teilen. Auf einem bemehlten Teigbrett jede Teighälfte in der Größe des Backbleches auswellen.

Bei 180 °C im vorgeheizten Backrohr ca. 10 Minuten hellbraun backen und sofort halbieren, um vier Teile zu erhalten.

Die Marmelade mit Gin glatt rühren und auf die warmen Teigplatten streichen. Jede der Teigplatten mit Kokosraspel bestreuen. Die Teigplatten aufeinanderlegen und leicht andrücken. Die Mandeln in einer trockenen Pfanne kurz anbräunen und auf den Kuchen streuen. Damit sich der Kuchen festigt, ruhen lassen und erst später anschneiden.

Für Kuchen liebe ich Orangenmarmelade besonders, aber jede Marmelade eignet sich.

VEGAN

4 Personen

Ich überlasse zwei Drittel unserer Kirschen an den Bäumen den Vögeln.

Pistazien-Kirschkuchen

160 g Butter

4 Eier

130 g Vollrohrzucker

200 g Mehl

2 TL Backpulver

50 g Pistazien

50 g Erdäpfelstärke

1/4 kg Kirschen

1 EL Limoncello

Zimmerwarme Butter mit Vollrohrzucker schaumig rühren. Eier nacheinander untermengen. Pistazien reiben, Mehl mit Erdäpfelstärke und Backpulver sieben und alles unter die Eimasse rühren. Limoncello zugeben. Die entkernten Kirschen in Mehl drehen und unter den Teig mischen. Eine Kuchenform fetten und mehlen. Den Teig einfüllen und im vorgeheizten Backrohr ca. 45 Minuten backen.

 4 Personen

Kokosbusserl mit Ribisel – eine fruchtige Variation im Sommer

4 Eier
200 g Staubzucker
240 g Kokosette
1 Zitrone
5 EL Limoncello
100 g Ribisel

Eidotter von Eiklar trennen. Das Eiklar mit 1/3 des Zuckers sehr steif schlagen. Den Saft der Zitrone auspressen. Zitronensaft mit dem Rest des Zuckers und Limoncello glatt rühren. Kokosraspel untermischen und mit dem steifen Eiklar vermengen. Ribisel vorsichtig untermengen.

Backrohr vorheizen und auf 2 Backbleche jeweils ein Backpapier auflegen. Mit einem Teelöffel kleine Häufchen auf die Backbleche setzen und ca. 10 Minuten bei 180 °C backen, bis sie eine leicht hellbraune Farbe angenommen haben. Auf dem Blech etwas abkühlen lassen und vom Blech nehmen.

Die Säure der Ribisel gemischt mit dem süßen Kokosfleisch ist ein Gedicht!

A

Almkaffee ---------------------------------------150

Apfelmillistrudel---------------------------- 161

Apfel-Hollerstrudel mit Mandeln ------------------- 170

Äpfel im Puddingbett ------------------------------ 162

Avocadoaufstrich --------------------------------- 30

B

Bärlauchaufstrich mit Crème Fraîche & Kren --------- 34

Bärlauchpralinen----------------------------------- 20

Bärlauch-Parmesan-Palatschinken ------------------- 23

Bärlauchpesto mit Steirerkas --------------------- 48

Bärlauchquiche mit Parmesan --------------------- 108

Bier-Gulasch ---91

Bratensoße vegan --------------------------------- 84

C

Cordon bleu --------------------------------------- 115

D

Dunkler Kirschenkuchen mit
Crème Fraîche & Amaretto---------------------------- 166

E

Erdäpfelkas mit Brunnenkresse------------------------ 40

Erdäpfelsalat mit Essiggurkerln --------------------- 141

Erdäpfelsuppe Mama --------------------------------- 73

F

„Falsches Beuschl" --------------------------------120

Faschierte Laibchen fleischlos --------------------- 84

Faschierter Braten ohne Fleisch--------------------- 87

Fruchtige Mozartknödel----------------------------- 177

G

Gebratener Kürbis mit dunklem Teereis---------------- 27

Gefüllter Laib ------------------------------------- 24

Gebackene Mäuse------------------------------------- 165

Gefüllte Paprika ----------------------------------- 92

Gorgonzolasoße ----------------------------------- 95

Grießkuchen mit Orangeat und Rosmarin ----------- 174

Grüner Spargel mit steirischem Reis------------------ 104

Gurkensalat mit schwarzem Salz
und Bärlauchblütenöl------------------------------- 140

H

Haselnusskrokant----------------------------------- 157

Heringkäse ohne Fisch ----------------------------- 39

Hexenknödel --------------------------------------- 83

Holzknechtnocken mit Walnüssen--------------------- 128

K

Kastanienmehlkuchen mit Kürbis & Kardamom & Haselnusskrokant --------------------------------------- 157

Knabberkürbiskerne --------------------------------- 47

Knödel mit Köpfchen--------------------------------131

Kokosbusserl mit Ribisel – eine fruchtige Variation im
Sommer --- 194

Kräuterweckerl------------------------------------- 36

Kräuterpofesen mit Mozzarella und Kümmel ----------16

Kräuteraufstrich -----------------------------------31

Kräutergröstel-------------------------------------- 124

Krenaufstrich mit Räuchertofu und Kaffee----------- 30

Krenrahmsoße -------------------------------------- 83

Kochkäse --- 43

Kochkäse mit Bier --------------------------------- 43

Kochkäsesuppe -------------------------------------77

Kürbislaibchen mit Polenta & Paprika--------------- 119

Kürbis mit Ingwer auf genudeltem Bett------------- 116

L

Lasagne mit Bierkäse------------------------------100

Linzer Gewürzschnitten mit Gin --------------------- 169

M

Mangold Liebeslasagne ----------------------------- 132

Mispel-Karamelcreme ----------------------------------- 149

Mamas Maitaschen (falscher Blätterteig)------------- 156

Mamas Germteig für Weinberlkuchen &
Gebackene Mäuse -- 165

Mandelkirschkuchen------------------------------------- 173

Marmelade-Mürbteigkuchen -------------------------- 190

Marillenhonigkuchen mit Kürbiskernöl-------------- 186

N

Nougatkuchen mit Cranberrys ------------------------ 178

O

Oblatentorte--181

Olivenaufstrich---31

P

Paprika-Kürbissuppe mit Zitronengras
und Ölperlen --- 74

Parmesankipferl --- 78

Pflanzliche Bratknödel --------------------------------- 88

Pflanzen-Cola (Melissensaft)------------------------- 146

Pikante Herrenpilze mit Zwiebeln -------------------- 99

Pilzspieße mit Kapern in Weißweinteig ------------- 103

Pilzlasagne mit Kapern -------------------------------- 127

Pistazien-Kirschkuchen-------------------------------- 193

Q

Quargelaufstrich mit Bärlauch ------------------------ 33

Quargel-Bärlauchknödel mit Bröselbutter ----------- 107

R

Radieschensuppe mit Rosensalz----------------------- 62

Rhabarber-Käsekuchen mit Schwips----------------- 185

Rhabarber sauer-- 23

Rosentaschen--19

Rote Rüben Laibchen ----------------------------------- 95

Rotweinerdäpfel-- 137

Rote Rüben Gulasch mit Rauchsalz und Gorgonzola-- 96

Rucolapesto mit Haselnüssen ----------------------- 44

S

Salbeipesto ---51

Salbeibohnensuppe ---------------------------------- 66

Sauerkraut mit Apfel---------------------------------- 140

Selleriesuppe mit Kren und Parmesankipferl ---------- 78

Seitanschnitzel --- 112

Semmelknödel-- 138

Spitzkohl gefüllt --------------------------------------- 123

Steirische Bärlauchsuppe mit schwarzem Gold --------- 69

Steirische Brotsuppe ---------------------------------- 70

Steirisches Pesto mit Bärlauch ---------------------- 47

Steirischer Reis mit Rosinen-------------------------104

Schwammerlsuppe mit Rauchsalz--------------------- 58

Schwarzteereis-- 27

T

Tomatenaufstrich-------------------------------------- 30

V

Verlagsgugelhupf mit kandierten Früchten----------- 182

W

Walnusspesto mit Parmesan------------------------- 52

Warme Gurkensuppe----------------------------------61

Warmer Krautsalat ------------------------------------ 141

Wirsingsuppe -- 57

Würzpofesen mit Powidl-Gorgonzolafülle -------------15

Z

Zucchini-Minz-Röllchen ----------------------------- 111

Zucchinigrießkuchen mit Aranzini und Haselnüssen - 189

Zwetschkenmarmelade mit Langem Pfeffer----------- 145

Zwiebelsuppe mit Melanzani und Lakritzsalz--------- 65

Zwiebelmarmelade-------------------------------------142

Backrohr ❧ Backofenrohr

Beuschl ❧ dicke Suppe aus Innereien, Lunge

Blaukraut ❧ Rotkohl

Biskotten ❧ Löffelbiskuit

Bockshornklee ❧ Brot-und Käsegewürz

Brösel (Semmelbrösel) ❧ Paniermehl

Eidotter ❧ Eigelb

Eierschwammerl ❧ Pfifferlinge

Eiklar ❧ Eiweiß

Erdäpfel ❧ Kartoffel

Essiggurkerl ❧ Gewürzgurken

Faschiertes ❧ Hackfleisch

Faschierte Laibchen ❧ Frikadellen, Buletten

Frittaten ❧ Pfannkuchenstreifen

Garam Masala ❧ Indische Gewürzmischung

Germ ❧ Hefe

Gemüsesuppe ❧ Gemüsebrühe

Harissa ❧ nordafrikanische scharfe Gewürzpaste mit Chili

Holler ❧ Holunder

Jause ❧ Brotzeit, Zwischenmahlzeit

Käferbohne ❧ Feuerbohne

Karotte ❧ Möhre

Kipferl ❧ Hörnchen

Kipferlerdäpfel ❧ Erdäpfelsorte

Knödel ❧ Kloß

Knödelbrot ❧ Brötchenwürfel

Kohlsprossen ❧ Rosenkohlröschen

Kokosette ❧ Kokosflocken

Kraut ❧ Weißkohl

Kren ❧ Meerrettich

Kukuruz ❧ Mais

Kurkuma ❧ Gelbwurz

Langer Pfeffer ❧ Stangenpfeffer oder Bengalischer Pfeffer

Lauch ❧ Porree

Marillen ❧ Aprikosen

Marmelade ❧ Konfitüre

Maroni ❧ Esskastanien

Melanzani ❧ Aubergine

Nockerl ❧ Spätzle

Obers ❧ Sahne

Palatschinken ❧ Pfannkuchen

Paradeiser ❧ Tomaten

Pofese ❧ in Fett schwimmend ausgebackene, gefüllte Brotscheiben

Powidl ❧ dick eingekochtes Pflaumenmus

Püree ❧ Brei

Quargel ↦ ähnlich Harzer Käse

Rahm (Sauerrahm) ↦ Saure sahne

Rauna, Röte Rübe ↦ Rote Bete

Rein, Reindl ↦ Kasserolle

Ribisel ↦ Johannisbeeren

Rotkraut ↦ Rotkohl

Satesoße ↦ Gewürzsoße auf Erdnussbasis

Schabzigerklee ↦ Brot-und Käsegewürz

Schilcher ↦ Österreichischer Roséwein

Schlagobers (Obers) ↦ Schlagsahne

Schwammerl ↦ Pilze

Schwarzbeeren ↦ Heidelbeeren

Semmel ↦ Brötchen

Staubzucker ↦ Puderzucker

Steinpilz ↦ Herrenpilz

Topfen ↦ Quark

Weckerl ↦ Brötchen

Weinbeeren ↦ Rosinen

Wirsing ↦ Wirsingkohl

Zwetschke ↦ Pflaume